Rüdiger Plantiko

Primärdirektionen

Chiron Verlag

Aspekte der Astrologie

Rüdiger Plantiko

Primärdirektionen

Eine Darstellung ihrer Technik

Die Sterne spielen auf, die sublunarische Natur tanzt nach den Weisen dieser Musik

Johannes Kepler

Die Deutsche Bibliothek – CIP Einheitsaufnahme

Plantiko, Rüdiger:
Primärdirektionen : eine Darstellung ihrer Technik / Rüdiger Plantiko. - Mössingen : Chiron Verl., 1996
(Aspekte der Astrologie)
ISBN 3-925100-24-5

Deutsche Erstausgabe

Umschlag: Reinhardt Stiehle

Zu beziehen durch den Buchhandel oder direkt beim Chiron Verlag, Postfach 1131, D-72109 Mössingen

Inhaltsverzeichnis

0 Einleitung **7**

1 Was sind Primärdirektionen? **10**

1.1 Genauigkeit und Grenzen 10
1.2 Signifikator und Promissor 12
1.3 Zur Deutung von Direktionen 15

2 Das Direktionsverfahren **16**

2.1 Das Standardverfahren 16
2.2 Berechnung des Direktionsbogens 17
2.3 Direktionen zu einem vorgegebenen Zeitpunkt 19
2.4 Der Direktionsschlüssel 20
2.5 Das Verfahren von Goldmayer 28
2.6 Mundane Direktionen 28
2.7 Direktionen nach RA und OA 29
2.8 Näherungsweise Direktionsberechnung 29

3 Ein Beispiel **31**

3.1 Das Geburtshoroskop Nietzsches 31
3.2 Speculum und Aspekttafel 32
3.3 Die Konstellationen Nietzsches 35
3.4 Die Korrektur der Geburtszeit 45
3.5 Die Korrektur von Nietzsches Geburtszeit 49
3.6 Eine Direktionsanalyse 69
3.7 Rechenbeispiele 74
3.8 Verwendete Nietzsche-Literatur 82

4 Mundane Position **84**

4.1 Allgemeine Formeln 90

4.2 Mundane Position nach Placidus 92

4.3 Die Placidusvariante von Kühr 95

4.4 Die topozentrische Placidusvariante 97

4.5 Mundane Position nach Regiomontanus 98

4.6 Mundane Position nach Campanus 101

4.7 Unnatürliche mundane Positionsbegriffe 104

5 Problematisches **117**

5.1 Die Berücksichtigung der Breite 117

5.2 Breiten von Aspektstellen und Halbdistanzen 117

5.3 Parallaxe und Eigenbewegung des Mondes 119

5.4 Geographische oder geozentrische Breite 121

6 Literaturverzeichnis **122**

0 Einleitung

Von ersten Anfängen in der Zeitenwende bis in die Renaissance waren die Primärdirektionen eine der wichtigsten Prognosemethoden der Individualastrologie. Später gerieten sie durch eine Vielfalt von neuentdeckten Verfahren ins Hintertreffen, die die Faszination der Astrologen auf sich zogen: Seitdem wurde das astrologische Instrumentarium z.B. um die Sekundärdirektionen bereichert, in neuerer Zeit kamen dann symbolische Direktionen, Tertiärdirektionen und Sonnenbogendirektionen hinzu.[1] Auch auf dem Feld der Primärdirektionen selbst betätigten sich die Reformer: REGIOMONTANUS führte in seinen *tabulae directionum profectionumque* (1467) eine den Alten gänzlich unbekannte Methode des Dirigierens ein. NAIBOD schaffte im 16. Jahrhundert den bis dahin ganz unumstrittenen Gradschlüssel der Primärdirektionen ab und ersetzte ihn durch seinen eigenen Schlüssel. Womit ich, stellvertretend für viele, nur zwei Neuerer genannt habe.

Seitdem haftet der Theorie der Primärdirektionen der Geruch einer esoterischen Spezialdisziplin an, die man in der Praxis getrost vergessen könne. Zum Teil gründet dieser Ruf darin, daß die exakte Berechnung der Primärdirektionen im Zeitalter der Logarithmentafeln eine sehr zeitraubende Angelegenheit war. Ein heutiger Computer berechnet dagegen in Sekundenschnelle alle im Leben eintreffenden Direktionen — wenn man möchte, noch mit verschiedenen Methoden und Schlüsseln, zu Vergleichszwecken.[2] Auch die Möglichkeit von Rechenfehlern ist praktisch ausgeschlossen: Wenn der Computer fehlerhafte Ergebnisse liefert, so liegt es an falsch eingegebenen Daten. Das Problem besteht inzwischen längst nicht mehr darin, Direktionen zu berechnen, sondern darin, in der Fülle des Berechneten das Wesentliche vom Unwesentlichen zu unterscheiden.

Daß Primärdirektionen viel Rechenzeit benötigen, ist daher in unserer Zeit nicht mehr wahr. Überhaupt ist die lange Rechenzeit ein schlechtes Argument gegen die Richtigkeit eines Systems: Ist es doch den Direktionen egal, wieviel Zeit wir zu ihrer Errechnung benötigen!

Schwerwiegender ist schon der Einwand, die Astrologie habe sich schließlich wie jede Disziplin fortentwickelt und allerhand früheren Ballast fortgeworfen, weshalb man sich an den *neuesten* statt an den ältesten Methoden orientieren sollte.

---

[1]Dagegen gehört die Methode der *Solarhoroskope*, auf die wir hier gar nicht eingehen werden, zu den klassischen Prognoseverfahren, derer sich schon DOROTHEUS VON SIDON und sogar HADRIAN, der Astrologe auf dem Kaiserstuhl, bedienten ([WK2], S.87,94).

[2]Die hierfür nötigen Formeln sind in einer leicht in den Computer oder Taschenrechner programmierbaren Form im Kapitel 4 dieses Buches zusammengestellt.

Aber bei der Astrologie ist das Verhältnis zur Tradition anders als etwa in einer Naturwissenschaft: Während Naturwissenschaftler bei jeder neuen Entwicklung die überholten Theorien in die Wissenschaftsgeschichte auslagern müssen, schätzen die Astrologen das aus dem Altertum überlieferte astrologische Wissen hoch und denken nicht im Traum daran, es könnte einmal durch neue Forschungen 'widerlegt' werden. Wenn sie überlieferte Regeln bewahren und z.B. dem Zeichen Skorpion wirklich Eigenschaften des gleichnamigen Tiers beimessen, oder den Planeten Mars wie den Kriegsgott mit dem Thema Gewalt in Verbindung bringen, so geschieht dies, weil *sie den Alten eine intuitive Erkenntnisart zugestehen, die im Laufe der letzten Jahrtausende den Menschen fast völlig abhanden gekommen ist.* Dies ist die einzige Rechtfertigung des astrologischen Konservatismus.

Respekt vor der Tradition bedeutet jedoch keine blinde Übernahme des Überlieferten. Wir haben uns inzwischen neue Qualitäten erworben; an die Stelle eines bildhaften ist ein taghelles, kritisches Bewußtsein getreten, das den Abstraktionsschritt vom konkreten Bild zu dem darin ausgedrückten Wesentlichen mühelos vollziehen kann. Das sollte uns in die Lage versetzen, auch im überlieferten astrologischen Wissen die Spreu vom Weizen zu trennen und von den wahrsagerisch-konkreten astrologischen Bildern der Tradition zu den die Zeiten überdauernden Wahrheiten vorzudringen.

Es zeigt sich, daß die überlieferte Lehre der Primärdirektionen mehr Solides enthält als nur den Torso der Achsendirektionen, der in der heutigen astrologischen Praxis überlebt hat. Die Entdecker der Primärdirektionen besaßen ohne Zweifel eine tiefe Einfühlung in die Himmelsvorgänge und scheinen durch ihr analogisches Denken eine Methode von Bestand ermittelt zu haben. Ich glaube, daß es an der Zeit ist, diese Methode der Primärdirektionen aus dem Dunkel des Vergessens wieder ans Licht zu holen und mit unserem modernen Bewußtsein aufzuarbeiten. In der gegenwärtigen Situation ist die Besinnung auf die astrologische Tradition sinnvoller als das ständige Ausdenken neuer Methoden, das in unserer Zeit meist nur noch ein Erfinden, kein Entdecken mehr ist.

Die vorliegende Arbeit versteht sich als ein Beitrag in dieser Richtung, indem die Direktionslehre nicht nur theoretisch dargelegt wird, sondern auch an einem umfassenden Beispiel zur Anwendung kommt. Der Unterschied zu den ausgezeichneten Werken von KÜHR ([KK]) und KÜNDIG ([KP]) liegt vor allem darin, daß die Darstellung nicht durch die Fixierung auf ein 'alleinseligmachendes' System vereinseitigt wird — beim gegenwärtigen Stand der Forschung wäre das unehrlich. Von der sehr guten Arbeit von W. KNAPPICH ([WK1]) hoffe ich mich dadurch zu unterscheiden, daß ich die Direktionen als Teil der gegenwärtigen astrologischen Forschung ansehe — und nicht als ein bloß noch historisches Phänomen. Auch wird dem Formelteil (Kapitel 4) konsequent der Begriff der mundanen Position als der zentrale Punkt aller Direktionssysteme zugrundegelegt. Dadurch gewinnt die mathematische Formulierung des Problems an Struktur und hoffentlich an Verständlichkeit.

Alle mir bekannten primären Direktionsverfahren stelle ich gleichberechtigt dar, damit sich der Leser selbst ein Bild machen kann. Das heißt nicht, daß ich selbst keine Präferenz für ein bestimmtes System hätte. Ich habe seit etwa zehn Jahren mit verschiedenen Methoden experimentiert und bin schließlich zu folgendem Verfahren gelangt, das mir oft gute Annäherungen zu bieten scheint:

Direktionsmethode des Verfassers:
Halbbogenmethode,
ohne Berücksichtigung von Signifikator- und Promissorbreiten,
Ptolemäusschlüssel (1 Grad = 1 Jahr).

Ich will an dieser Stelle nicht in den bei anderen Autoren üblichen Dogmatismus verfallen ("An Tausenden Fällen erprobt... Auf die Bogenminute exakt... Einzig richtiges Verfahren..."). Ich möchte allerdings zu denken geben, daß diese Art des Dirigierens immerhin bis ins 15. Jahrhundert allgemein üblich und konkurrenzlos war.

Im 3. Kapitel, in dem ich zur praktischen Illustration das Horoskop und die Direktionen Friedrich Nietzsches bespreche, mußte ich 'Farbe bekennen' und habe die Direktionen nach dem von mir favorisierten Verfahren berechnet. Dem Kapitel wurden aber einige Rechenaufgaben angefügt, mit denen der Leser sich die verschiedenen Verfahren erüben kann.

Für die Anregung, diese Arbeit zu schreiben, bin ich vor allem Erich Thaa zu Dank verpflichtet; er trug zu ihrem Entstehen auch durch zahlreiche Korrekturen bei. Reinhardt Stiehle vom Chiron Verlag danke ich für die unkomplizierte Zusammenarbeit. Heinrich Bessler, mit dem mich eine lange Freundschaft verbindet, danke ich herzlich für seine beständige Ermunterung zur astrologischen Forschung. Vor allem über das Weltbild, das der Astrologie zugrundeliegt, habe ich viel von ihm gelernt.

1 Was sind Primärdirektionen?

Die Primärdirektionen bilden eine wichtige Prognosetechnik der klassischen Astrologie. Der Name geht auf PLACIDUS DE TITIS (1603 - 1688) zurück ([Pl]), der sie von den von ihm propagierten *Sekundärdirektionen* unterscheiden wollte. Vorher hießen sie einfach *Direktionen*. Sie wurden bereits in der hellenistischen Astrologie verwendet ([WK1]).

Bei den meisten Systemen, die heute als Primärdirektionen bezeichnet werden, wird die zeitliche Veränderung des Horoskops im Zeitraum von einigen Stunden vor und nach der Geburt untersucht.[3] Dabei geschieht es, daß ein Horoskopfaktor eine Stellung im Verhältnis zu Meridian und Horizont einnimmt, die bei der Geburt ein anderer Horoskopfaktor innehatte - er erreicht dessen *mundane Position*. Der Zeitraum, bis dies eintritt, wird mit einem Proportionalitätsfaktor, dem *Direktionsschlüssel*, in ein Lebensalter des Geborenen verwandelt. Man erwartet, daß in diesem Lebensalter ein Ereignis ausgelöst wird, das den Charakter der beiden in Kontakt tretenden Horoskopfaktoren hat.

Nach der Geburt stattfindende Direktionen heißen *direkt*, die anderen *convers*. Nicht alle Autoren sind sich einig darüber, ob die conversen Direktionen zu berücksichtigen sind.

Es gibt besonders zwei unklare Punkte in der Direktionslehre: Die Messung der mundanen Position (siehe Kapitel 4) und die Definition des Direktionsschlüssels (siehe Abschnitt 2.4).[4] Analogieschlüsse, Einfühlung in die Himmelsvorgänge und empirische Studien können helfen, hier den richtigen Weg zu finden. Man muß aber akzeptieren, daß verschiedene Astrologen hier zu verschiedenen Ergebnissen kommen.

1.1 Genauigkeit und Grenzen

Für fast alle astrologischen Anwendungen - ausgenommen die Solarhoroskope - genügt eine Genauigkeit von etwa ± 3 Bogenminuten für die Planeten und ± 30 Bogenminuten für die Achsen, also von etwa zwei Minuten in der Geburtszeit. Davon machen auch die Primärdirektionen keine Ausnahme.

[3] Anders das *vereinheitlichte Direktionssystem* nach KEPLER und Z. WASSILKO-SERECKI. Auch das geometrische System von GOLDMAYER basiert auf einer anderen Idee.

[4] Das Problem der mundanen Position kann man natürlich umgehen, wenn man sich auf Direktionen zu den Achsen beschränkt, also die interplanetaren Direktionen verwirft.

Bei dieser Genauigkeit in der Geburtszeit erhält man für primäre Achsendirektionen eine Genauigkeit in der Ereigniszeit von etwa einem halben Jahr – nach Ansicht vieler Astrologen ohnehin das Optimum, das mit Direktionsberechnungen erreicht werden kann: Der Umkreis, in dem eine Direktion als gültig angesehen wird, beträgt etwa *1 Jahr*.

Die *interplanetaren* Primärdirektionen sind um ein Vielfaches unempfindlicher gegen Änderungen der Geburtszeit. Ein viertelstündiger Fehler in der Geburtszeit wird die Auslösungszeit einer interplanetaren Primärdirektion durchschnittlich meist um weniger als ein Jahr verändern.

Wer ein Ereignis zeitlich genauer fixieren will, muß verschiedene andere Verfahren zu Hilfe nehmen, insbesondere *Transite* (Übergänge der laufenden Planeten über Orte der Radix) und *Ingresse* (Übergänge der laufenden Planeten über primärdirektionale Orte).

Nun ist die Geburtszeit selten auf zwei Minuten genau bekannt. Dies macht eine *Korrektur der Geburtszeit* anhand von Lebensereignissen erforderlich. Die hierfür üblichen Verfahren werden im Abschnitt 3.4 allgemein und in 3.5 anhand eines Beispiels erörtert.

Die Primärdirektionen werden traditionell als die stärkste Prognosemethode angesehen – sie sollten jedoch auch nicht isoliert verwendet werden. Der Glaube, bei Verwendung des richtigen Systems würde das primär entwickelte Horoskop die Ereignisse des Lebens mit der Präzision eines Uhrwerks anzeigen, beruht auf einer unrichtigen Anschauung vom Wesen der Astrologie. Der große zeitliche Umkreis von einem Jahr wird den Direktionen ja vor allem deshalb eingeräumt, weil man von ihnen bestenfalls *Annäherungen* erwartet.

Die Planeten sind schließlich keine wirkenden Faktoren, sondern ihre Stände werden nur von der sublunaren Natur – Erdseele und menschliches Unbewußtes – *interpretiert*. Hierin liegt soviel Freiheit wie sie z.B. der Interpret eines Musikstücks hat. Der Mensch selbst ist in der Astrologie das Subjekt, der aktiv Handelnde. Es ist wahr, oft 'tanzt er, wenn die Aspekte ihm pfeifen' — aber das *Wie* seines Tanzes bleibt schwierig vorauszusagen. Einen Eindruck von der unerschöpflichen Vielfalt von Möglichkeiten, mit der Konstellationen durch den Menschen interpretiert werden, erhält man durch die Metagnose.

Die Sterne zwingen nicht, sie machen nur geneigt, wird oft angeführt. Das ist Unsinn. Die Sterne machen überhaupt nichts. Wir tun etwas, und dies oft, nicht immer, im Einklang mit entsprechenden Konstellationen. ([Be2], S.95)[5]

---

[5]Diese sehr zu empfehlende Arbeit widerlegt auch die sogenannte *Einflußtheorie*, eine

Auch wenn es von einem wissenschaftlichen Standpunkt sinnlos erscheint, so liegt der Wert der Astrologie vor allem in der *Metagnose*, genauer: *Im verstehenden Einfühlen in die Sinnzusammenhänge von Sternenlauf und Menschenleben.* Eine Verbesserung der Prognose kann, als Nebeneffekt, durch die in der Metagnose erworbene Erfahrung erreicht werden.

1.2 Signifikator und Promissor

Bei einer Direktion wird ein Horoskopfaktor - der *Promissor* ('Versprecher') - durch die Erddrehung auf die mundane Position eines radikalen Faktors - des *Signifikators* ('Bedeuter') - geführt. Oft werden Signifikator und Promissor in der Deutung unterschiedlich behandelt (Einzelheiten zur Deutung siehe im folgenden Abschnitt 1.3).

Gelegentlich liest man, Promissor und Signifikator könnten dadurch unterschieden werden, daß der eine stillsteht und der andere sich bewegt. Dies ist allerdings eine Standpunktfrage. Betrachtet man das durch den Geburtszeitpunkt gegebene Achsensystem als fest, so bewegen sich die Horoskopfaktoren durch die Radixhäuser. Von diesem Standpunkt aus ist der Promissor der bewegte, der Signifikator der stillstehende Part. Betrachtet man aber die Wanderung des Achsensystems durch den Tierkreis, so ist natürlich der Signifikator der bewegte Faktor.

In Wahrheit wird der Signifikator also nur dadurch charakterisiert, daß man seine mundane Positionslinie als die Meßkurve ansieht, die vom Promissor gekreuzt werden soll (siehe Abschnitt 2.2 und die dortige Illustration).

Die unterschiedliche Behandlung von Signifikator und Promissor in der üblichen Direktionsberechnung bringt es mit sich, daß jede Direktion *doppelt* vorkommt: einmal als direkte und einmal als converse Direktion, wobei die Rollen von Signifikator und Promissor vertauscht werden. Die entsprechenden Direktionsbögen solcher Paare liegen nicht etwa nahe beieinander; es können sich Unterschiede von Jahrzehnten in der Auslösungszeit ergeben. Trotzdem hängen die ausgelösten Ereignisse oft sinngemäß zusammen. In dem in dieser Arbeit behandelten Horoskop Friedrich Nietzsches wird z.B. die Direktion ♄☍♂ d. zum Zeitpunkt des geistigen Zusammenbruchs fällig, während die symmetrische converse Direktion ♂☍♄c. mit seinem über zehn Jahre später erfolgten physischen Tod korrespondiert (siehe 3.6).

Es sei noch bemerkt, daß im Verfahren von GOLDMAYER (siehe 2.5) der Unterschied von Signifikator und Promissor gänzlich aufgehoben ist, indem

physikalischen Fehldeutung der Astrologie und charakterisiert die Astrologie stattdessen als ein magisches Phänomen.

bei beiden in die Direktion eingehenden Faktoren die mundane Position berücksichtigt wird. Die Differenz dieser mundanen Positionswerte ergibt dann den Direktionsbogen.

Berücksichtigt man alle direkten und conversen Direktionen mit den zehn Planeten und Aszendent und MC als Signifikatoren, so werden, selbst bei Beschränkung auf die starken Aspekte (☌,⚹,□,△,☍), im Jahr etwa sechs Direktionen fällig. Wenn man, wegen des Umkreises (siehe 1.1), noch die Direktionen des Vorjahres und des folgenden Jahres hinzunimmt, ergibt sich das Problem, wie man diese Vielzahl von Direktionen zu einer vernünftigen Prognose zusammenfassen sollte.

Der Astrologe GUSTAV SCHWICKERT hat tatsächlich mit dieser extremen Fülle von Direktionen gearbeitet — darüberhinaus verwendete er gleichzeitig mehrere mundane Positionskonzepte, mehrere Schlüssel und sowohl die Breite des Geburtsorts als auch die des Ereignisorts! Der entstehenden barocken Fülle von Direktionen versuchte er dann mit einer besonderen Theorie der *Interferenzen* Herr zu werden, die er in seinem umfassenden Werk *Die Direktionslehre* ([Sch]) darlegt. Gustav Schwickert stellt mit dieser nicht zur Nachahmung zu empfehlenden Methodenvielfalt allerdings eine Ausnahme dar.

In der Tradition gab es, um der großen Zahl der Direktionen Herr zu werden, den sogenannten "ptolemäischen Vorbehalt": dieser bestand einfach darin, nur die stärksten Horoskopfaktoren als Signifikator zu erlauben; diese stärksten Horoskopfaktoren sind nach PTOLEMÄUS ASC, MC, Sonne, Mond und Glückspunkt. Von diesen wird der Glückspunkt heute im allgemeinen vernachlässigt.[6] Berücksichtigt man nur diese Signifikatoren, so verbleibt man mit ein bis zwei Primärdirektionen im Jahr — eine Anzahl, die es erlaubt, zu konkreten Deutungen zu gelangen.

Ein anderer traditioneller Vorbehalt ist es, Direktionen unberücksichtigt zu lassen, bei denen sowohl Signifikator als auch Promissor eine Achse, eine Häuserspitze oder der Mondknoten sind. Man könne zwar einen Planeten zu seinem Aufgang führen, nicht aber den kulminierenden Punkt. Hier werden also die eigentlich nicht sinnlich wirklichen Punkte wie ASC, MC, ☊ von den Himmelskörpern unterschieden.

Vom Standpunkt der *Dominantenlehre*, wie sie z.B. im *Kursus der Astrologie* von HERBERT FRHR. V. KLOECKLER ([Kl]) dargelegt wird, erscheint es sinnvoll, die individuellen Dominanten als Ordnungsprinzip zu verwen-

[6] Allerdings gibt es immer wieder Versuche, die sogenannten "arabischen Punkte" wieder in die Astrologie zu integrieren; im deutschen Sprachraum z.B. durch B.A. MERTZ ([Me]).

den, d.h. diejenigen Planeten, die *'durch die Geburtszeit stark ausgenutzt werden'.*[7] Das ergibt eine wichtige Modifikation des ptolemäischen Vorbehalts: Die Dominanten können ja eine größere Bedeutung als selbst Sonne und Mond haben und sollten daher als Signifikator unbedingt berücksichtigt werden. Auch wenn man nicht mit dem ptolemäischen Vorbehalt arbeitet und alle Planeten als Signifikator zuläßt, liefert die Dominantenlehre ein willkommenes Instrument zur Bewertung der Direktionen nach Stärke.

Eine verbreitete Minimallösung ist natürlich, nur die Direktionen zu ASC und MC zu berücksichtigen. Direktionen mit Planeten als Signifikator werden dagegen meist sekundär oder als Sonnenbogen gerechnet statt primär. Wer mit einer solchen Minimallösung arbeitet, bringt sich allerdings ganz um das wertvolle Prognoseelement der *interplanetaren* Primärdirektionen.

Als *Promissor* kommen alle sensitiven Orte des Horoskops in Betracht, also: alle Planeten, alle Achsen, ihre Aspektorte und Halbdistanzpunkte (zur Verwendung der Halbdistanzpunkte gibt es unterschiedliche Auffassungen: Manche wollen nur besonders markante Halbsummen berücksichtigen, wie z.B. ♂/♄). In einigen Schulen werden auch die Spitzen der Zwischenhäuser dirigiert (ÖAG, siehe [WS]).

Einige Astrologen fassen jeden Promissor als Ekliptikpunkt auf, setzen also seine ekliptikale Breite stets Null. Der Signifikator wird mit oder ohne Breite gerechnet. Von den vier möglichen Kombinationen: Bei Signifator/Promissor die Breite zu berücksichtigen/nicht zu berücksichtigen, finden sich drei in der Literatur. Einzig der Fall: Promissor mit, aber Signifikator ohne Breite kommt nicht vor. Traditionell, d.h. bis ins 16. Jahrhundert, werden Signifikator und Promissor als Ekliptikpunkte behandelt.[8]

[7] Hier ist anzumerken, daß Kloeckler die Dominanten nur zur Deutung des Geburts- und Solarhoroskops verwendete; mit Direktionen arbeitete er überhaupt nicht.

[8] Zur Berechnung der Breite von Aspektorten und Halbdistanzpunkten, siehe Abschnitt 5.2.

1.3 Zur Deutung von Direktionen

Viele Astrologen deuten Direktionen ähnlich wie z.B. Transite, d.h. ein Übergang wird einfach nach Bedeutung der beiden in Kontakt tretenden Faktoren und des auftretenden Aspekts bewertet. Der Unterschied zu Transiten ist nur, daß den Direktionen mehr Gewicht beigemessen wird. Wichtig für den Lebensbereich, in dem sich die Direktion auslöst, ist vor allem die radikale Hausposition des Promissors.

Andere Autoren empfehlen, die Determinationslehre nach MORIN ([Mo]) für eine genauere Deutung heranzuziehen. Diese wird z.B. in dem klassischen Werk von SINDBAD und WEISS ([SW]) erläutert. Eine Besonderheit der Determinationslehre ist der extensive Rückgriff auf die Domizile und Exile der Planeten; man berücksichtigt Felderherrschaft, Dispositoren, Rezeption u.a., um zu konkreten Aussagen zu gelangen. Nach Morin und seinen Anhängern sind Signifikator und Promissor unterschiedlich zu deuten: Der Signifikator symbolisiert den durch die Direktion angesprochenen Wesensteil, der Promissor 'verspricht' diesem etwas, zeigt also die konkrete Richtung, in die sich dieser Wesensteil entwickelt. ERICH CARL KÜHR drückt es so aus ([EK], S. 58):

Der Signifikator ist passiv und zeigt an, was durch das Ereignis betroffen wird, und der Promissor ist aktiv und zeigt an, was geschieht.

Wer an einer Sammlung von Aphorismen zur Deutung von Primärdirektionen interessiert ist, kann z.B. das Werk *Astrologische Prognose* von PARIS ([Pa]) zu Rate ziehen (oder auch A. VON PRONAYS Lehrbuch *Astrologische Direktionen* ([AP])).

2 Das Direktionsverfahren

Wir beschreiben hier zunächst in allgemeiner Form den Vorgang des Dirigierens. Im 3.Kapitel wird das Verfahren dann an einem konkreten Beispiel erläutert. Um dieses Kapitel nicht mit technischen Details zu überfrachten, setzen wir voraus, daß der Leser sich bereits mit einem mundanen Positionskonzept vertrautgemacht hat – die rechnerischen Grundlagen dieser Konzepte folgen in Kapitel 4. Bei einem ersten Lesen des vorliegenden Kapitels kann man sich den Begriff *mundane Position* einfach als *Hausposition* übersetzen.

Wir messen die mundane Position eines Himmelspunktes durch eine Gradzahl μ zwischen $0°$ und $360°$, gemäß der Analogie von Haus und Tierkreiszeichen. Das heißt, eine mundane Position von $33° 17'$ steht für einen Faktor, der sich im zweiten Haus befindet, und zwar 'mundan' $3° 17'$ von dessen Spitze entfernt.

2.1 Das Standardverfahren

Wir wiederholen aus der Einleitung noch einmal kurz das Standardverfahren der Direktionsberechnung.

Bei Primärdirektionen wird ein Punkt des Horoskops, der Promissor, durch die Erddrehung auf die mundane Position eines anderen Punktes, des Signifikators geführt. Denkt man das Geburtshoroskop als fest, so wird also der Promissor durch die Häuser des Horoskops gemäß der täglichen Erddrehung geführt. Denkt man die Ekliptik als fest, so bewegt sich die mundane Positionslinie des Signifikators gemäß der Erdbewegung, bis sie auf den Promissor trifft.

Bei *direkten Direktionen* wird der Promissor in fortschreitender, bei *conversen Direktionen* in rückwärts verlaufender Zeit vom Geburtsmoment aus geführt.

Direktionen beziehen sich auf Ereignisse im Leben des Nativen. Die Umrechnung des Bogens, der bis zum Eintreten einer Direktion verstreicht, des sogenannten *Direktionsbogens*, in Ereigniszeiten geschieht mit dem *Direktionsschlüssel*.

2.2 Berechnung des Direktionsbogens

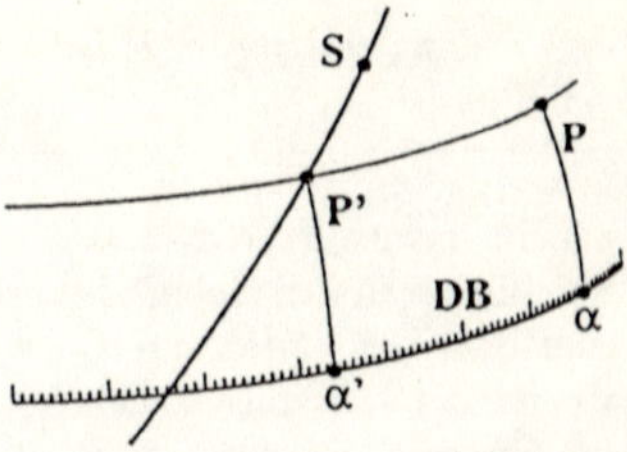

Die obige Abbildung stellt die für Primärdirektionen typische Situation am Himmel dar. Wir wollen zur Veranschaulichung zunächst annehmen, der Punkt S in dieser Abbildung sei der Aszendent des Geburtshoroskops, die stark eingezeichnete Linie ein Stück des östlichen Horizonts. Der mit Meßmarken versehene Großkreis bezeichnet den Himmelsäquator.

Durch den Erdumschwung wird der Promissor P — vielleicht ein im I. Haus stehender Planet oder Aspektpunkt des Geburtshoroskops — nach einer gewissen Zeit den Horizont erreichen, das heißt aufgehen. Wir fragen uns, *wann* das geschieht. Dabei bemerken wir zuerst, daß

> *Zeitdifferenzen auf dem Äquator als Differenzen in Rektaszension abgegriffen werden können,*

und zwar wegen des gleichmäßigen Fortschreitens der Sternzeit mit der Weltzeit: Ein Grad RAMC passiert den Erdäquator stets in 3^m56^s. Man kann daher die Äquatorgrade selbst als Zeitmaß ansehen.

Offenbar muß man, um die gewünschte Zeitstrecke zu bestimmen, den Deklinationskreis (Parallelkreis) von P mit dem Horizont, der mundanen Positionslinie von S=`ASC`, schneiden. Der Schnittpunkt heißt in der Graphik P'. Man mißt nun die Rektaszensionen von P und P' auf dem Äquator, im Bild mit α und α' beschriftet.

Die gesuchte Zeitspanne, bis der Promissor P die mundane Positionslinie des Signifikators S bei P' kreuzt, ist dann einfach die Differenz $\alpha - \alpha'$ der Rektaszensionen von P und P'.

Der **Direktionsbogen** *der Direktion $S_{☌}P$ ist die Differenz α-α' der Rektaszensionen von P und P'.*

Dieses Verfahren ist nicht nur im Falle S=ASC anwendbar, sondern ebensogut für beliebige Signifikatoren des Geburtshoroskops. Für die stark gezeichnete Linie, die mit dem Deklinationskreis des Promissors geschnitten wird, ist dann nicht mehr der Horizont zu nehmen, sondern die *mundane Positionslinie* des Signifikators. Die mundane Positionslinie faßt diejenigen Himmelspunkte zusammen, die in bezug auf Horizont und Meridian eine zu S analoge Lage haben.

Der Direktionsbogen wird schließlich mit einem der in 2.4 aufgeführten Schlüssel in eine Ereigniszeit des Geborenen verwandelt.

Um ihn zu berechnen, geht man wie folgt vor:

1.) *Bestimme die mundane Position μ des Signifikators.*
2.) *Bestimme die Rektaszension α', bei der ein Punkt mit der Deklination des Promissors die mundane Position μ besitzt.*
3.) *Die Differenz $\alpha - \alpha'$ ist dann der Direktionsbogen.*

Alle Formeln, die für dieses Verfahren nötig sind, sind im Kapitel (4) für die jeweiligen Häusersysteme aufgeführt.

Eine Direktion wird folgendermaßen notiert:

DB (Signifikator) (Promissorstelle) (zod./mund.) (dir./conv.) = Wert.

Zum Beispiel:

DB ⊙☍♆ zod. conv. = $69°\,54'$.

2.3 Direktionen zu einem vorgegebenen Zeitpunkt

Um alle Direktionen zu ermitteln, die zu einer bestimmten Zeit fällig werden, hat man folgendermaßen vorzugehen.

1.) Berechne die mundanen Positionen aller Signifikatoren.
2.) Rechne das Ereignisalter mithilfe des Direktionsschlüssels (2.4) in den Direktionsbogen DB um.
3.) Bestimme die *direkte* $RAMC\ t_d = t + DB$. Bestimme die *converse* $RAMC\ t_c = t - DB$.
4.) Bestimme die *direkten bzw. conversen Längen* der Signifikatoren aus mundaner Position und direkter bzw. converser RAMC. Das sind diejenigen Ekliptikpunkte, die zur direkten bzw. conversen RAMC die mundane Position des Signifikators haben.
5.) Wenn sich in der Nähe der so gefundenen Längen ein sensitiver Ort befindet, so ist er als Promissor zu nehmen und die exakte Fälligkeit der entsprechenden Direktion gemäß Abschnitt 2.2 zu berechnen.

Für Schritt 5 ist die Anfertigung einer *Aspekttafel* hilfreich. Das ist eine Auflistung aller sensitiven Ekliptikpunkte des Horoskops, also aller Aspektpunkte (starke und schwache Aspekte), aller Halbdistanzpunkte, der Häuserspitzen sowie eventuell der genauen Positionen der hellsten ekliptiknahen Fixsterne (z.B. wenn ein Fixstern im Radix eine besondere Rolle spielt). Die Sortierung sollte nach der auf 0 bis 30 Grad reduzierten Länge erfolgen, so daß die Kontakte eines convers oder direkt geführten Signifikators bequem abgelesen werden können. Mit einer wie in Abschnitt 3.2 dargestellten Aspekttafel läßt sich schnell ermitteln, welche Aspekte und Halbsummen ein dirigierter Faktor in einem bestimmten Tierkreisbereich gerade durchläuft. Auch zur Korrektur der Geburtszeit ist die Aspekttafel ein geeignetes Hilfsmittel. Einzelheiten zur Erstellung einer solchen Tafel findet man in dem Buch *Aspektanalyse* von E. C. KÜHR genauer ausgeführt ([EK2]).

2.4 Der Direktionsschlüssel

Der Direktionsbogen ist ein Winkel. Er wird in Zeit umgewandelt nach einem der folgenden Schlüssel:

Nr	Bezeichnung	Schlüssel	Bemerkungen
1	PTOLEMÄUS	$1^\circ = 1$ Jahr	bis ins 16. Jhdt. allgemein
2	NAIBOD	$0^\circ\,59'\,8'' = 1$ Jahr	mittlere tägl. $\odot$ Bewegung
3	*diei motu*	RA Fortschritt der $\odot$ am Geburtstag = 1 Jahr	
4	KÜNDIG	RA Fortschritt der $\odot$ für 1° Länge = 1 Jahr	
5	Wahre Zeit	RA Fortschritt der $\odot$ x Tage nach Geburt = x Jahre	
6	Sonnenlänge	Fortschritt der $\odot$ am Geburtstag in Länge = 1 Jahr	
7	CARDANO	$1^\circ = 1$ Jahr + 1/72 Jahre = 1 Jahr + 5 Tage	
8	WÖLLNER	$1^\circ = 1.01742$ tropische Jahre = 1 siderisches Jahr	

Der Schlüssel nach Wahrer Zeit und die Proportion Tag:Jahr

Die Analogie zwischen (wahrem) Sonnentag und (tropischem) Jahr ist allgemein anerkannt und wird z.B. von KEPLER wie folgt begründet: *Hinwiederum will bei mir die Lehre von den Direktionen ein feines Ansehen gewinnen, wenn ich mit* COPERNICUS *die Erde umgehen lasse, denn alsdann findet sich die Proportion Tag zu Jahr gleich 1:365 unserem domicilio, unserer Hütte, Wohnung oder unserem Schiff, darinnen wir in der Welt herumgeführt werden, natürlich eingepflanzt. Und es ist deswegen desto glaubhafter, daß in den Direktionen und Nativitäten der Menschen, welche dieses Schiffes Einwohner sind, diese Proportion auch regieren solle: Wie es denn die Astrologen lehren* ([Ke], Th. 41).

Der Natur der Analogie entspricht es, daß ein *wahrer Tag*, das heißt die Zeit zwischen zwei oberen Kulminationen der Sonne, einem *tropischen Jahr*, d.h. der Zeit zwischen zwei Frühlingsanfängen gleichgesetzt wird. Es ist allerdings für Sekundärdirektionen völlig unerheblich, welchen Tages- und Jahresbegriff man verwendet.

Durch strikte Fortführung der Analogie des wahren Tages mit dem tropischen Jahr gelangten KEPLER ([Ke2]) und nach ihm PLACIDUS([Pl]) und Z. WASSILKO-SERECKI ([WS]) zu einem *vereinheitlichen Direktionssystem*. Dabei werden die Achsen nach dem Rektaszensionsfortschritt der sekundären Sonne, die Planeten aber sekundär geführt und in einer Horoskopfigur eingetragen – dies ist das *progressive Horoskop*. Nach Konstruktion ist also die Meridionaldistanz[9] der Sonne in allen progressiven Horoskopen die gleiche — nämlich die der Radix. Das n-te progressive Horoskop ist ein genaues Abbild des Himmels, wie er sich nach Vollendung des n-ten wahren Tages nach der Geburt darbietet. Dies ist auch das Hauptargument, mit dem Wassilko-Serecki dieses Direktionsverfahren begründet: Das einzig Symbolische beim Dirigieren nach Wahrer Zeit ist der Schlüssel *1 Tag = 1 Jahr*. Alles Übrige ist konsequent hergeleitet.

Der Nachteil: Wer so argumentiert, bekommt nur eine Begründung für das progressive *Häuser*system, *nicht aber für die interplanetaren Primärdirektionen*. Die Zwischenhausdirektionen und die Sekundärdirektionen bekommen so mehr Gewicht als ihnen traditionell zusteht. Das Direktionsverfahren nach Wahrer Zeit, wie es Wassilko-Serecki propagiert, bedeutet praktisch eine Eliminierung der Primärdirektionen zugunsten der Sekundärdirektionen.

Wesentlicher Gedanke bei den Primärdirektionen ist doch, daß sich dem Menschen nicht nur die ekliptikalen, sondern auch die mundanen Positionen der Faktoren des Geburtshoroskops einprägen, so daß er sensibel wird für die kurz nach (bzw. vor) der Geburt erfolgenden Übergänge anderer Faktoren über diese mundanen Positionen. So wie der Zeitpunkt von Bedeutung ist, wann nach der Geburt ein Planet aufgeht oder kulminiert, so ist es auch wichtig, wann ein Planet die Hausposition eines anderen Planeten erreicht.

Wenn man diesen Gedanken akzeptiert und damit zu dem Direktionsschlüssel noch eine weitere Hypothese hinzufügt, so ist es durchaus möglich, auch interplanetare Direktionen mit dem Wahre-Zeit-Schlüssel zu kombinieren:[10] Das läuft darauf hinaus, daß man im progressiven Horoskop für das n. Lebensjahr, das wie üblich auf den Zeitpunkt berechnet wird, zu dem die Sonne n Tage nach der Geburt die radikale Meridionaldistanz erreicht, nicht nur die gerade aktuellen Häuserspitzen und Planetenstände einträgt, sondern auch *diejenigen Ekliptikpunkte kennzeichnet, die im progressiven Häusersystem so stehen wie die Planeten im Geburtshoroskop* — das sind eben die primären Planetenstände.

Der Wahre Zeit-Schlüssel ist im Gegensatz zu allen anderen Schlüsseln ein *gleitender*, kein *fester*. Das heißt, man erhält das Ereignisalter nicht durch Multiplikation des Direktionsbogens mit einem festen Schlüsselwert. Um den Schlüssel graphisch zu veranschaulichen und mit den anderen Schlüsseln vergleichen zu können, berechneten wir den *'best-approximierenden*

[9]Die Meridionaldistanz (MD) eines Punktes ist sein Abstand vom Geburtsmeridian, in Rektaszension gemessen.

[10]Interessanterweise trat für diese Kombination schon PLACIDUS ein ([WK1], S.113).

festen Schlüssel', der 72 Tage *nach* der Geburt im Mittel die geringsten Abweichungen vom Wahre Zeit-Schlüssel hat. Zu beachten ist, daß dieser feste Schlüssel nur für *direkte*, nicht für *converse* Direktionen eine Approximation des Wahre Zeit-Schlüssels darstellt: Mit diesem Schlüssel berechnete Direktionsbögen unter 72 Grad unterscheiden sich um höchstens $1° 11'$ von den mit dem Wahre Zeit-Schlüssel berechneten Bögen. Gegen die Sonnenlänge in Grad abgetragen, ergibt sich folgendes Bild:

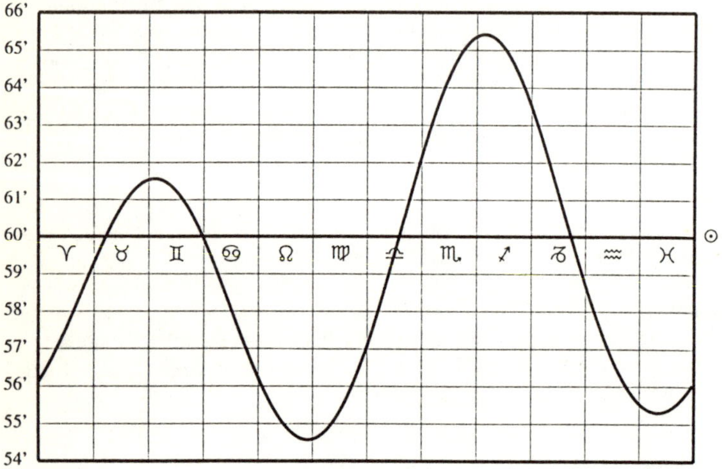

Der Ptolemäusschlüssel

Die Alternative zu den Direktionen nach Wahrer Zeit ist, wie schon erwähnt, die Auffassung, daß die Primärdirektionen sich kurz vor oder nach der Geburt bilden, hervorgerufen durch die Erddrehung um ihre eigene Achse. Man benötigt also einen Schlüssel, um Zeiträume in der Dimension von Minuten bis einigen Stunden in Jahre umzuwandeln. Der Schlüssel 1 Tag gleich 1 Jahr reicht hierfür nicht. Es muß eine weitere Analogie angewendet werden. Verwendet man wieder die Proportion 1 : 365.242, so ergibt sich der Ptolemäusschlüssel:

Der Schlüssel von PTOLEMÄUS basiert auf einer zweimaligen Anwendung der Proportion Tag : Jahr (1 : 365.242).

Das heißt, 1/365.242 Tage entsprechen einem Jahr. Ob hierbei ein wahrer oder mittlerer Tag verwendet wird, ist unerheblich: Der Schlüssel bleibt auf die Bogensekunde gleich. Man kommt auf $3^m56^s.555$ für ein Jahr. Das ist exakt die Zeit, in der die RA des `MC` (und damit die RA oder OA eines jeden Signifikators im Geburtshoroskop) um

$$1°\,0'\,0''$$

fortschreitet. Der Schlüssel des PTOLEMÄUS basiert also auf dem konsequenten Rechnen mit der Proportion 1 Tag = 1 Jahr.

Im Prinzip könnte diese Proportion auch drei- oder viermal angewendet werden. Aber schon bei der nächsten Anwendung, bei der man den Schlüssel $0^s.64777$ gleich 1 Jahr erhält, verläßt man den für die Astrologie relevanten Bereich.

Es könnte nach dieser Rechnung scheinen, daß die Primärdirektionen eine schwächere Direktionsart sind als die sekundären — es wird ja eine Proportion zweimal nacheinander angewandt. Aber in Wahrheit ist es umgekehrt: Wird doch die Prägungsempfindlichkeit immer größer, je näher man an den Geburtszeitpunkt herankommt. Die dritte Anwendung der Proportion führt — mit einer für menschliches Empfinden unmaßgeblichen Unschärfe — bereits zum Geburtsmoment selbst, dessen kosmische Situation den tiefsten Eindruck hinterläßt.

Der PTOLEMÄUS-Schlüssel ist der traditionelle Direktionsschlüssel; er war bis ins 16. Jahrhundert allgemein üblich und wird in neuerer Zeit in den Lehrbüchern von LEO ([HG]), BRANDLER-PRACHT ([BP]), PEARCE ([Pe]) und PARIS ([Pa]) empfohlen.

Spätere Kritik, die von der obigen Rechnung keine Kenntnis hatte, glaubte, durch den Ptolemäusschlüssel würde eine Art 'Gradfetischismus' betrieben, indem auf irrationale, symbolische Weise die übliche Maßeinheit des Winkels hier mit höheren Weihen versehen werde. In Wahrheit ist aber der Gradschlüssel in der Proportion "1 Tag : 1 Jahr" begründet, wie wir oben gezeigt haben.

Die Schlüssel Naibod und diei motu

Die Schlüssel von NAIBOD und *diei motu* (lat. "gemäß der täglichen Bewegung" (der Sonne)) werden folgendermaßen begründet: Wegen der Analogie des Tages mit dem Jahr entspricht der tägliche Lauf der Sonne ihrem jährlichen. Das heißt, der Bogen, den die Sonne an einem Tag am Äquator zurücklegt, muß einem Jahr gleichgesetzt werden. Da dieser Bogen variiert, nimmt NAIBOD den Durchschnittswert von 59′ 8″ für ein Jahr.

Eine andere Rechtfertigung für den NAIBODschlüssel gibt KÜHR ([EK]):

$$\begin{aligned} 1 \text{ Jahr} &\simeq 1 \text{ (mittlerer) Tag} \\ &\simeq 360^\circ\, 59'\, 8'' \text{ Sternzeitfortschritt} \\ &\simeq 59'\, 8'' \end{aligned}$$

Nimmt man hier statt des mittleren Tages den *wahren Tag*, so erhält man stattdessen den Schlüssel *diei motu* der durch den tatsächlichen Rektaszensionsbogen bestimmt ist, den die Sonne am Geburtstag durchschreitet. Im Gegensatz zum Ptolemäus- und Naibodschlüssel ist er nicht konstant, sondern hängt vom Geburtstag ab. Gegen die Länge der Geburtssonne abgetragen, hat der *diei motu*-Schlüssel den folgenden Verlauf:

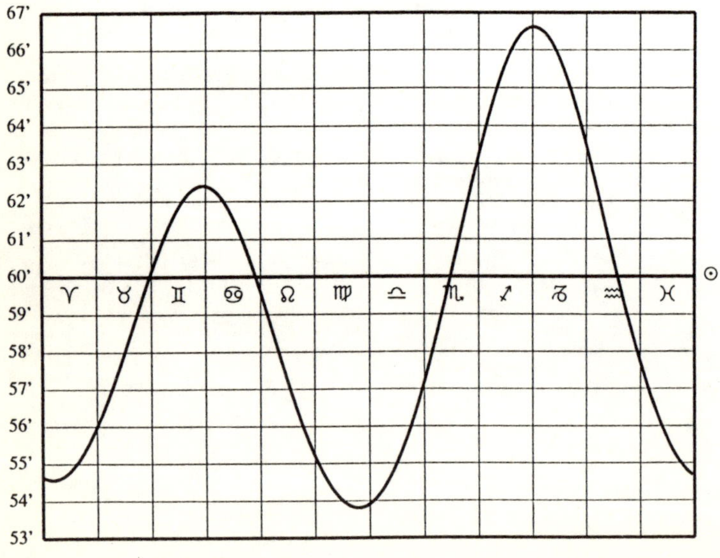

Die Schlüssel von Cardano und Wöllner

Die Schlüssel von CARDANO und WÖLLNER ersetzen mit verschiedener Genauigkeit das tropische Jahr durch das siderische Jahr. Dem liegt wohl der Gedanke zugrunde, daß das Geburtshoroskop im Menschen relativ zum Fixsternhintergrund erinnert werde — eine Hypothese, die der stets auf die Sonnenbahn bezogenen klassischen Astrologie eher widerspricht.[11]

Der Schlüssel nach Sonnenlänge

Beim Schlüssel *Sonnenlänge* entspricht der *ekliptikale* Längenfortschritt der Sonne am Geburtstag einem Jahr. Er wird von H. BESSLER aufgrund von empirischen Forschungen bevorzugt ([Be1]).

Dieser Schlüssel enthält ein symbolisches Element, indem auf der Ekliptik gemessene Längen auf dem Äquator abgetragen werden — was strenggenommen nicht ohne vorherige Übersetzung in Rektaszension geschehen dürfte.

Die Abhängigkeit dieses Schlüsselwerts von der Länge der Geburtssonne hat folgende Gestalt:

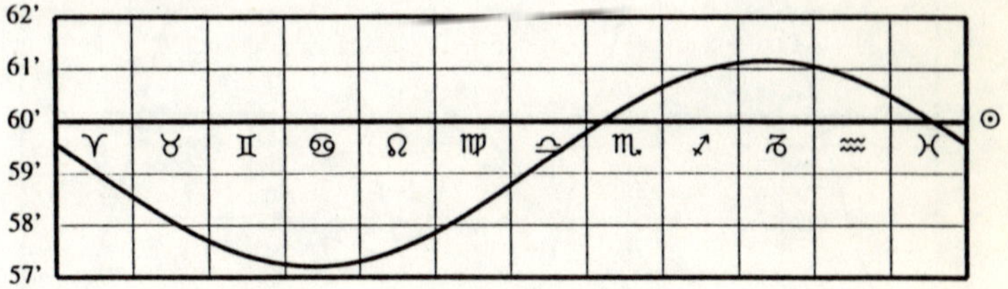

[11]Übrigens lehrt in neuerer Zeit R. HAND, man müsse bei der *Transitberechnung* eine Präzessionskorrektur vornehmen ([Ha]).

Der Schlüssel nach Kündig

Beim KÜNDIG-Schlüssel werden die vollen Gradzahlen, die die Position der Radixsonne umgrenzen, in Rektaszension übertragen. Die Differenz dieser Rektaszensionswerte ist der Direktionsschlüssel. Beträgt z.B. die Position der Sonne $10° 12'$ ♑ , so sind die Ekliptikpunkte $10° 0' 0''$ ♑ und $11° 0' 0''$ ♑ in RA zu übertragen (mit der Formel (1)). Die Differenz, die hier $1° 4' 59''$ beträgt, ist nach Kündig dann einem Jahr gleichzusetzen.

Genau der Vorwurf des Gradfetischismus, der sich beim Ptolemäusschlüssel als haltlos erwies, muß dem Kündigschlüssel allerdings gemacht werden: Das Grad auf dem *Äquator* läßt sich aus der Proportion '1 Tag : 1 Jahr' begründen, das Grad auf der *Ekliptik* dagegen nicht.

Der Schlüssel hat über das Jahr den folgenden Verlauf (die x-Achse mißt wie immer die Länge der Geburtssonne).

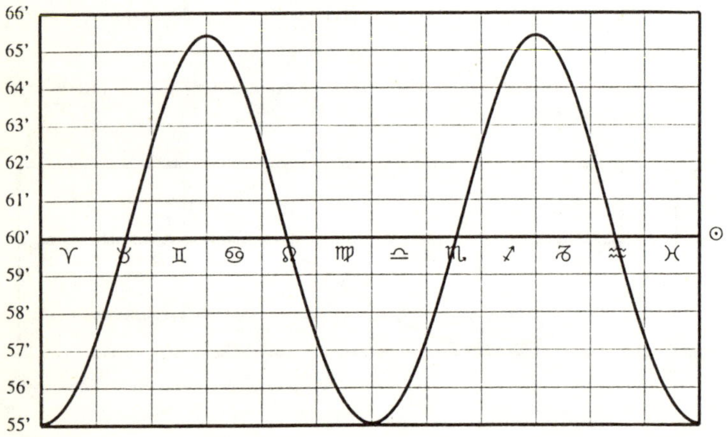

Vergleich der Direktionsschlüssel

In einem einzigen Diagramm zusammengefaßt, ergeben diejenigen Schlüssel, die von der Position der Geburtssonne abhängen, folgendes Bild:

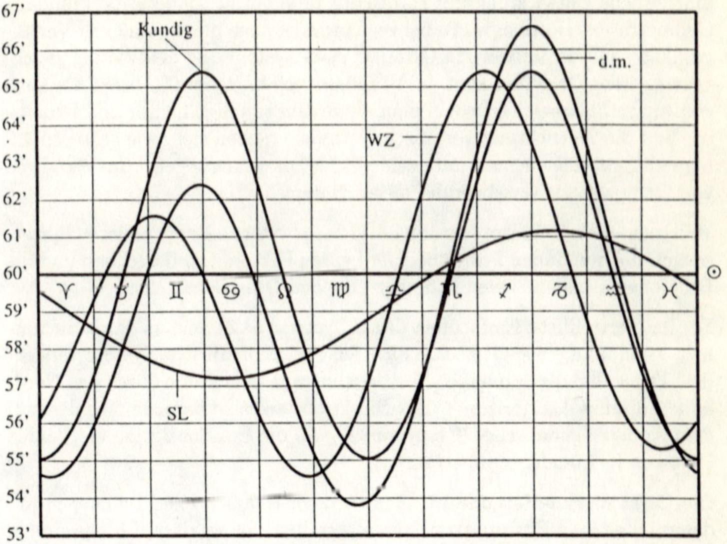

Die Schlüssel Wahre Zeit, *diei motu* und Kündig verlaufen demnach ungefähr gleichsinnig, haben ungefähr gleichzeitig ihre Maxima und Minima, wobei allerdings der Kündigschlüssel bei einer Sonnenlänge von ca. 0° Krebs eine besonders große Abweichung zeigt.

Der Schlüssel Sonnenlänge verläuft in einem entgegengesetzten Zyklus, mit viel kleineren Schwankungen. Maximal- und Minimalwert des Sonnenlängeschlüssels werden natürlich in Perihel- und Aphelstellung (rund 11° Krebs/Steinbock) erreicht.

2.5 Das Verfahren von Goldmayer

Das Direktionssystem von GOLDMAYER unterscheidet sich vom Standardverfahren dadurch, daß es *geometrisch* statt zeitlich arbeitet: Es wird nicht die zeitliche Entwicklung des Horoskops untersucht, sondern die mundane Geometrie des Horoskops. Dabei verschwindet auch die Asymmetrie von Signifikator und Promissor. In GOLDMAYERS System sind beide völlig gleichwertig. Eine Direktion kann im Standardverfahren sowohl direkt als auch convers geführt werden (wobei man die Rollen von Signifikator und Promissor und die Zeitrichtung vertauscht). Dabei ergeben sich, wie schon in 1.2 bemerkt, im allgemeinen unterschiedliche Direktionsbögen. Im Verfahren von GOLDMAYER verschwindet dieser Unterschied.

Will man einen Horoskopfaktor nach GOLDMAYER zu einem anderen führen, so sind die mundanen Positionen der beiden Faktoren zu berechnen und die Differenz zu bilden. Diese Differenz gibt den Direktionsbogen!

Die unübertreffliche Einfachheit dieses Systems ist besonders dann erkenntlich, wenn man – wie GOLDMAYER – das regiomontanische System verwendet. Dann sind die mundanen Positionslinien ja Großkreise durch den Nord- und Südpunkt des Horizonts. Der Direktionsbogen ist dann einfach der (auf dem Äquator gemessene) 'Klappwinkel', um die Positionskreise der beiden Faktoren ineinander zu überführen.

Die GOLDMAYER-Methode ist aber auch im Rahmen eines beliebigen anderen mundanen Positionskonzepts anwendbar. Es sei darauf hingewiesen, daß die erhaltenen Direktionsbögen sehr stark von den mit dem Standardverfahren gerechneten Werten differieren (siehe die Beispiele in Abschnitt 3.6).

2.6 Mundane Direktionen

Ein Mundanaspekt zwischen zwei Himmelspunkten entsteht, wenn die Differenz ihrer mundanen Positionen eine Aspektzahl ist. So steht z.B. immer der Aszendent im mundanen Quadrat zum MC, Spitze II im Trigon zum MC etc.

Eine *mundane Direktion* wird fällig, wenn ein Horoskopfaktor einen mundanen Aspekt zu einem radikalen Horoskopfaktor erreicht.

Die Berechnung der mundanen Direktionen ist die gleiche wie für die zodiakalen: Man verwendet nur statt der mundanen Position des Signifikators diejenige seines mundanen Aspektpunkts. Hat der Signifikator z.B. die mundane Position $\mu = 113°$, so haben seine Mundansextile die mundanen

Positionen $\mu = 53°$ und $\mu = 173°$, und die Direktion eines Promissors zum Mundansextil des Signifikators wird fällig, wenn er eine dieser mundanen Positionen erreicht.

Das Verfahren der Mundandirektionen ist nicht sehr verbreitet. In manchen Lehrwerken werden einige Beispiele nach diesem Verfahren gerechnet — in keiner Veröffentlichung ist mir jedoch die systematische Untersuchung auch nur eines Horoskops mit der Methode der Mundandirektionen begegnet.

2.7 Direktionen nach RA und OA

Hier werden Direktionsbögen einfach als Differenzen der geraden oder schrägen Aufsteigung (mit der Polhöhe des Geburtsortes) der beteiligten Horoskopfaktoren berechnet.

Gleich mit welchem mundanen Positionskonzept man arbeitet, sind Direktionen zum Aszendenten stets Direktionen nach OA, Direktionen zum MC stets nach RA. Einige Autoren glauben, daß man auf diese Weise auch für andere Signifikatoren gültige Direktionsbögen erhält.

Ulrike Voltmer, die mit dem vereinheitlichten Direktionssystem arbeitet (siehe 2.4), erweiterte das progressive Horoskop um die interplanetaren Direktionen nach RA, die nach ihren Erfahrungen oft gute Ergebnisse bringen ([UV]).

Direktionen nach RA entsprechen in natürlicher Weise dem Häusersystem des Alcabitius, während man die OA-Direktionen als Standardverfahren mit Koch-Häusern interpretieren kann. Tatsächlich empfahl Koch Direktionen nach OA ([KK]).

2.8 Näherungsweise Direktionsberechnung

Mit Hilfe einer Häusertafel, die die RAMC als Winkelgröße auflistet, lassen sich Direktionen näherungsweise berechnen. Die mundane Position eines Planeten kann mit einem simplen Dreisatz abgeschätzt werden: Man setzt die Länge des Hauses, in der er sich befindet, 30 Mundangraden gleich und fragt, wieviel Mundangrade er sich von der Hausspitze entfernt befindet.

Hat man auf diese Weise die mundane Position des Signifikators ermittelt, ist in einem zweiten Schritt festzustellen, wann der ekliptikale Ort des Promissors (Zeit als RAMC gemessen) diese mundane Position erreicht. Diese Aufgabe kann mit einer Häusertafel gelöst werden:

Man geht zunächst **näherungsweise** davon aus, daß das fragliche Haus zur Auslösungszeit einen Umfang von 30° hat. Da zur Auslösungszeit der Promissor die — schon berechnete — Hausposition des Signifikators hat, kann man die Länge der benachbarten Häuserspitze angenähert durch Subtraktion der Hausposition von der Promissorlänge berechnen. Dann schlägt man nach, wann (zu welcher RAMC) die Häuserspitze diesen Wert erreicht.

Die Differenz der Geburts-RAMC von dieser RAMC ergibt eine (noch recht grobe) Näherung für den Direktionsbogen.

Man bestimmt nun die Größe des Hauses zu dieser RAMC und rechnet mit dieser Größe (statt 30°) wieder die Länge der dem Promissor nächstliegenden Häuserspitze. Man schlägt nach, zu welcher RAMC die Häuserspitze diesen Wert erreicht.

Der so entstehende Wert gibt bereits eine brauchbare Näherung des Direktionsbogens.

Beim ersten Lesen mag dieses Verfahren etwas kompliziert klingen. Es ist aber eigentlich einfach, und es kommt nur darauf an, Übung darin zu gewinnen. Mit etwas Übung (und einer Häusertafel) kann man dann Direktionsbögen schnell überschlagen, auch wenn gerade kein Rechner verfügbar ist. Für ein Beispiel dieser näherungsweisen Direktionsberechnung, siehe Abschnitt 3.7, Problem 9.

3 Ein Beispiel

Als Beispiel für die Direktionsberechnung dient uns hier der Philosoph Friedrich Nietzsche. Nach einer gründlichen Ausdeutung der Radixfigur (3.3) vergleichen wir die Primärdirektionen mit den Ereignissen seines Lebens im Rahmen einer Geburtszeitkorrektur (3.5) und analysieren die verschiedenen Direktionsverfahren (3.6). Es folgt dann ein Übungsteil (3.7) mit Rechenbeispielen abgeschlossen, in dem sich der Leser mit den Rechentechniken der verschiedenen Verfahren vertraut machen kann.

3.1 Das Geburtshoroskop Nietzsches

Nach Geburtsurkunde ist Friedrich Nietzsche am 15. Oktober 1844 um 9.30 Uhr in Röcken (Lützen) geboren, was einem Aszendenten von 23° 51′ ♏ entspricht ([IHL]). Von dieser noch unkorrigierten Zeit werden wir zunächst ausgehen.

Soweit nicht anders gesagt, berechnen wir Direktionsbögen und mundane Positionen mit dem Placidus-System ohne Berücksichtigung der Breite. Es werden aber auch Direktionsberechnungen nach anderen Systemen vorgeführt.

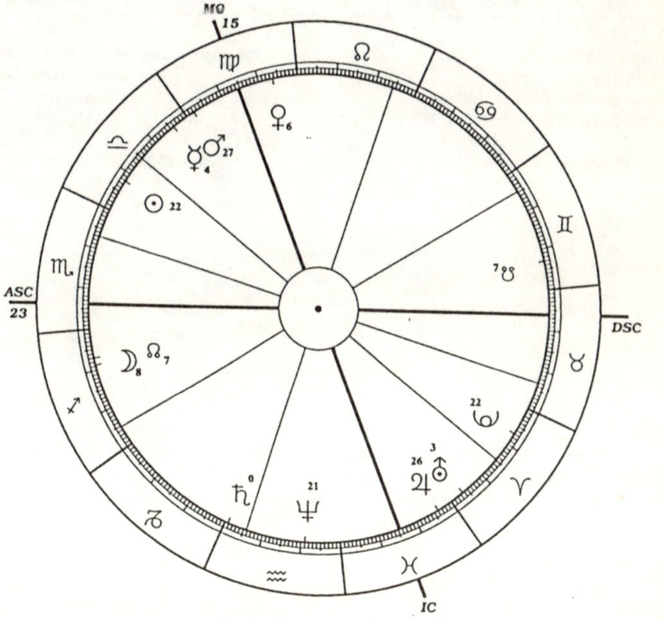

3.2 Speculum und Aspekttafel

Nach Berechnung und Zeichnung der Figur ist es nützlich, ein sogenanntes *Speculum* zu erstellen. Das Speculum ist eine Auflistung der ekliptikalen (Länge λ und Breite β) und äquatorialen Koordinaten (Rektaszension α und Deklination δ) sowie der mundanen Positionen (μ) und der vom Geburtstag an berechneten täglichen Bewegung (TB) aller Planeten. Beim folgenden Beispielspeculum wurden die mundanen Positionen nach Placidus mit und ohne Breite berechnet. Alle Positionen sind auf die Bogenminute *ab*gerundet.[12]

	λ	β	α	δ	μ m.Br.	μ o.Br.	TB
ASC	23° 51′ ♏	0° 00′ N	231° 28′	18° 45′ S	0° 00′ I	0° 00′ I	
MC	15° 19′ ♍	0° 00′ N	166° 29′	5° 47′ N	0° 00′ X	0° 00′ X	
☉	22° 06′ ♎	0° 00′ N	200° 25′	8° 36′ S	8° 36′ XI	8° 36′ XI	0° 59′ 36″
☽	8° 44′ ♐	0° 17′ N	247° 03′	21° 29′ S	15° 02′ I	15° 18′ I	14° 31′ 53″
☿	4° 07′ ♎	1° 51′ N	184° 31′	0° 04′ N	18° 01′ X	17° 42′ X	1° 11′ 02″
♀	6° 20′ ♍	0° 03′ S	158° 05′	9° 08′ N	22° 33′ IX	22° 34′ IX	1° 03′ 55″
♂	27° 54′ ♍	1° 06′ N	178° 31′	1° 50′ N	11° 44′ X	11° 27′ X	0° 38′ 13″
♃	26° 01′ ♓	1° 35′ S	356° 59′	3° 02′ S	10° 04′ IV	9° 39′ IV	0° 06′ 19″ R
♄	0° 46′ ♒	0° 37′ S	303° 07′	20° 36′ S	26° 54′ II	26° 31′ II	0° 01′ 05″
♅	3° 33′ ♈	0° 45′ S	3° 33′	0° 43′ N	17° 14′ IV	17° 06′ IV	0° 02′ 14″ R
♆	21° 01′ ♒	0° 23′ S	323° 32′	14° 52′ S	11° 06′ III	10° 54′ III	0° 00′ 33″ R
♇	22° 57′ ♈	17° 26′ S	27° 40′	7° 17′ S	7° 23′ V	9° 44′ V	0° 01′ 08″ R
☊	7° 00′ ♐	0° 00′ N	245° 10′	21° 29′ S	13° 37′ I	13° 37′ I	0° 03′ 10″ R

Datum: 15.10.1844 — Julianisches Datum: 2394854.86224
Weltzeit 8h 41m 31s — Sternzeit 11h 05m 58s
Geographischer Ort: Röcken (Lützen) — Länge 12° 08′ E — Breite 51° 15′ N
Mittlere Ekliptikschiefe: $\varepsilon = 23° 27' 34''$ — RAMC: 166° 29′
II 25° 12′ ♐ — III 5° 43′ ♒ — V 15° 11′ ♈ — VI 6° 55′ ♉
Mond mit Parallaxe: $\lambda = 9° 28'$ ♐ $\beta = 0° 22'$ S

[12] Zwar verschenkt man durch das Abrunden im Vergleich zum üblichen Runden eine halbe Bogenominute Genauigkeit. Dafür hat man aber bei den Längenangaben die Sicherheit, daß z.B. ein in 0° 0′ ♉ befindlicher Planet wirklich in ♉ steht und nicht in 29° ♈. Das ist für astrologische Zwecke wichtiger.

Die Aspekttafel gestattet einen schnellen Überblick über Aspekte und Halbsummen, und, wenn man möchte, auch noch andere sensitive Punkte des Horoskops (z.B. arabische Punkte). Man kann leicht ablesen, welche Aspektstellen ein dirigierter Faktor in einer bestimmten Tierkreisstrecke durchläuft. Für Direktionsberechnungen ist die Aspekttafel daher ein vorzügliches Hilfsmittel. Eine Alternative wäre der *Aspektkranz*, bei dem man alle sensitiven Punkte auf dem Außenkreis der Horoskopfigur anbringt.[13]

Angenommen wir wollen wissen, welche Aspekte sich im Horoskop Nietzsches in der Tierkreisstrecke von 0° ♏ bis 3° ♏ befinden. Dazu gehen wir in die Spalte ♏ und sehen, welche Zeilen Längenangabe von 0° bis 3° aufweisen. Wir finden: <MC auf 0° 18′ ♏, □♄ auf 0° 46′ ♏ und ☽/♂ auf 3° 19′ ♏.

Länge		Faktor	♈	♉	♊	♋	♌	♍	♎	♏	♐	♑	♒	♓
0° 04′	♑	☿/♃				☍						☌		
0° 18′		<MC		⚼			<			<			⚼	
0° 43′	♋	♂/♅				☌						☍		
0° 46′	♒	♄	⚹	□	△		☍		△	□	⚹		☌	
1° 01′	♎	☿/♂	☍						☌					
2° 09′	♓	♄/♅						☍						☌
2° 23′	♒	☽/♃					☍						☌	
2° 27′	♐	☿/♄			☍						☌			
3° 19′	♏	☽/♂		☍						☌				
3° 33′	♈	♅	☌		⚹	□	△		☍		△	□	⚹	
3° 50′	♑	☿/♅				☍						☌		
4° 07′	♎	☿	☍		△	□	⚹		☌		⚹	□	△	
4° 45′	♑	☽/♄				☍						☌		
5° 42′	♒	III					IX						III	
6° 01′		<♆	<			⚼			⚼			<		
6° 08′	♒	☽/♅					☍						☌	
6° 20′	♍	♀		△	□	⚹		☌		⚹	□	△		☍
6° 26′	♏	☽/☿		☍						☌				
6° 54′	♉	VI		VI						XII				
7° 00′	♐	☊	△		☍		△	□	⚹		☌		⚹	□
7° 06′		<☉			⚼			<			<			⚼
7° 57′		<♇			<			⚼			⚼			<
8° 31′	♓	♃/♆						☍						☌
8° 44′	♐	☽	△		☍		△	□	⚹		☌		⚹	□
8° 50′		<ASC	⚼			⚼			<			<		
9° 03′	♑	☉/♃				☍						☌		
9° 27′	♐	♂/♆			☍						☌			
9° 29′	♈	♃/♇	☌						☍					

[13] Einzelheiten siehe bei E. K. Kühr, *Aspektanalyse* ([EK2]).

Länge		Faktor	♈	♉	♊	♋	♌	♍	♎	♏	♐	♑	♒	♓
°00′	♎	☉/♂	☍						☌					
°26′	♋	♂/♇				☌						☍		
°53′	♒	♄/♆					☍						☌	
°01′		<♃		<			⚼			⚼			<	
°26′	♐	☉/♄			☍						☌			
°52′	♓	♄/♇						☍						☌
°17′	♓	⛢/♆						☍						☌
°34′	♐	☿/♆			☍						☌			
°49′	♑	☉/⛢				☍						☌		
°54′		<♂		⚼			<			<			⚼	
°06′	♎	☉/☿	☍						☌					
°15′	♈	⛢/♇	☌						☍					
°32′	♋	☿/♇				☌						☍		
°52′	♑	☽/♆				☍						☌		
°18′	♍	MC		△	□	⚹		☌		⚹	□	△		☍
°11′	♈	V	V						XI					
°25′	♏	☉/☽		☍						☌				
°46′		<♄			⚼			⚼			<			<
°51′	♒	☽/♇					☍						☌	
°11′	♊	♀/♃			☌						☍			
°07′	♍	♀/♂						☌						☍
°33′		<⛢		<			⚼			⚼			<	
°33′	♏	♀/♄		☍						☌				
°07′		<☿		⚼			<			<			⚼	
°56′	♊	♀/⛢			☌						☍			
°14′	♍	☿/♀						☌						☍
°01′	♒	♆	⚹	□	△		☍		△	□	⚹		☌	
°20′		<♀	⚼			<			<			⚼		
°33′	♐	☉/♆			☍						☌			
°59′	♓	♆/♇						☍						☌
°00′		<☊	⚼			⚼			<			<		
°06′	♎	☉	☍		△	□	⚹		☌		⚹	□	△	
°32′	♋	☉/♇				☌						☍		
°32′	♎	☽/♀	☍						☌					
°57′	♈	♇	☌		⚹	□	△		☍		△	□	⚹	
°44′		<☽	⚼			⚼			<			<		
°50′	♏	ASC		☍		△	□	⚹		☌		⚹	□	△
°11′	♐	II			VIII						II			
°01′	♓	♃		⚹	□	△		☍		△	□	⚹		☌
°58′	♐	♂/♃			☍						☌			
°54′	♍	♂		△	□	⚹		☌		⚹	□	△		☍
°23′	♒	♃/♄					☍						☌	
°40′	♏	♀/♆		☍						☌				
°13′	♍	☉/♀						☌						☍
°20′	♏	♂/♄		☍						☌				
°39′	♊	♀/♇			☌						☍			
°47′	♓	♃/⛢						☍						☌

3.3 Die Konstellationen Nietzsches

Der erste Punkt einer astrologischen Arbeit ist stets die ausführliche Deutung des Radixhoroskops. Es ist sinnlos, sich an der Prognose zu versuchen, bevor man sich genau mit der individuellen Bedeutung der einzelnen Horoskopfaktoren vertraut gemacht hat.

Im Falle Nietzsches heißt dies, daß wir Biographien und seine Werke lesen müssen, um erst einmal zu verstehen, wie er seine Konstellationen interpretiert hat. Erst danach können wir uns an das metagnostische Studium seiner Direktionen begeben.

Alle in diesem Kapitel über Friedrich Nietzsche herangezogenen Aussagen finden sich in der in Abschnitt 3.8 genannten Literatur.

Im *Astrologischen Auskunftbogen* schreibt H. BAUMGARTNER: *Wenn wir uns Nietzsches bekanntes Bild vergegenwärtigen, seinen stechenden Blick, die buschigen Augenbrauen, das dinarische markante Profil beachten, dann können wir nur annehmen, daß Nietzsche unter Skorpion geboren ist. Augenfällig prägt sich der Skorpion in seinen Werken und in seiner Persönlichkeit aus.* Dieses Skorpionische bestätigt sich bis in die kleinsten Einzelheiten hinein: So etwa wenn er als die Vertrauten Zarathustras einen Adler und eine Schlange wählt, Tiere aus der Analogiereihe des Skorpions.[14]

Das gibt äußerlich, rein von der Erscheinung her betrachtet, Hinweise auf Nietzsches Skorpionisches. Aber der Aszendent symbolisiert eben nur das Äußere, nicht den Wesenskern des Geborenen. Man bekommt nur ein oberflächliches Bild von Nietzsche, wenn man diese etwas martialisch daherkommende Außenseite für den ganzen Nietzsche nimmt. Vor allem die Frauen, denen er begegnete, waren in der Lage, hinter diese Kulisse zu schauen. Zum Beispiel schreibt LOU ANDREAS SALOMÉ: *Wahrhaft verräterisch waren die Augen. Halbblind, besaßen sie dennoch nichts vom Spähenden, Blinzelnden, ungewollt Zudringlichen vieler Kurzsichtigen; vielmehr sahen sie aus wie Hüter und Bewahrer eigener Schätze, stummer Geheimnisse, die kein unberufener Blick streifen sollte... Wenn er sich einmal gab, wie er war, im Bann eines ihn erregenden Gesprächs zu zweien, dann konnte in seine Augen ein ergreifendes Leuchten kommen und schwinden; wenn er aber in finsterer Stimmung war, dann sprach die Einsamkeit düster, beinahe drohend aus ihnen, wie aus unheimlichen Tiefen.*

Oder die Schweizerin META VON SALIS, von der das folgende Porträt stammt: *Schon der erste Eindruck war keinem früher empfangenen ver-*

---

[14] Trotz dieser deutlichen Skorpion-Signatur nimmt Baumgartner aber einen Aszendenten bei 1° Schütze an.

gleichbar. Das Fremdartige, Nicht-Deutsche des Gesichts stimmte zu dem anspruchslosen, gar nicht den deutschen Professor verratenden Auftreten. Ein starkes Selbstbewußtsein machte die Pose überflüssig. Der Mann, der in der Eitelkeit ein Residuum von Sklaventum erkannte (...) hatte nichts von den bekannten spießbürgerlich-gespreizten Gelehrten-Allüren. Eine leise Stimme voll Weichheit und Melodie und die sehr ruhige Sprechweise machten im ersten Augenblick stutzig... Erhellte ein Lächeln sein durch vielen Aufenthalt im Süden bronciertes Gesicht, so gewann es einen rührend kindlichen, Teilnahme heischenden Ausdruck. Der Blick erschien meist nach innen gewandt, wie wir es an Statuen griechischer Götter gewahren, oder aus der Tiefe heraus suchend nach etwas, worauf zu hoffen er beinahe aufgegeben hatte, immer aber waren die Augen die eines Menschen, der viel gelitten hat und, trotzdem er Sieger geblieben ist, schwermütig über den Abgünden des Lebens steht. Unvergeßliche Augen, leuchtend von der Freiheit des Überwinders, anklagend und trauernd, daß der Sinn der Erde und ihre Schönheit in Häßlichkeit und Widersinn verkehrt wurden.

Die Herbstsonne in der Waage in elf ist hart aspektiert: ☉□♄ und ☉☍♇. Über ☉□♄ schreibt v. KLÖCKLER: *Starrsinn, Pessimismus, Menschenscheu, Mangel an Anpassungsfähigkeit... Schicksalsmäßig führen disharmonische Winkel von Sonne und Saturn fast stets zu lange anhaltenden Kämpfen und Rivalitäten, Krisen und Spannungen mit der Gefahr, das durch Zähigkeit Erreichte durch Starrsinn und mangelnde Elastizität einzubüßen... In all diesen Beziehungen erscheint die Quadratur fataler als die Opposition* ([Kl]). Bei Nietzsche bedeutet Saturn im Besonderen seine Gefangenschaft durch die Vergangenheit, durch die das väterliche Erbe repräsentierende christliche Religion. Mit diesem Saturn ringt die Opposition ☉☍♇, seinen Freiheitsdurst und seinen Drang nach Überlegenheit und Herausgehobenheit aus der Masse repräsentierend. Das Thema dieser Opposition beschäftigte Nietzsche zeitlebens: Die Frage, wie sich der einzelne gegenüber der Masse behaupten kann, die Frage nach der Macht. Dieser Aspekt seiner Lehre vom *Übermenschen* — sie hat zweifellos noch viele andere Aspekte — zeugt von seiner durch Pluto verspannten Sonne.

Das Existentielle all seiner Fragen, der bittere Ernst, mit dem er sie sich stellt, seine Unzufriedenheit mit allen Halbheiten, seine Philosophie der Macht, all dies sind die plutonischen Züge seines Wesens. Die scharfe Opposition ♇☍☉ ist der Stachel, der ihn zu steter energischer Auseinandersetzung mit den großen Fragen der Menschheit ansporn. Aber es ist bei aller zerstörerischen Kraft seiner Kritik letztlich der solare Lebenswille, etwas Konstruktives, das ihn leitet; schreibt er doch: *Wenn wir Kritik üben, so ist es nichts Willkürliches und Unpersönliches — es ist, wenigstens sehr oft, ein Beweis davon, daß lebendige, treibende Kräfte in uns da sind, welche eine Rinde abstoßen. Wir verneinen und müssen verneinen, weil etwas in uns leben und sich bejahen will, etwas, das wir vielleicht noch nicht kennen, noch nicht sehen.*

Die Sonne steht übrigens in genauer Konjunktion mit dem Fixstern *Spica*, dem die Tradition Mars/Venus-Charakter gibt. Im Fixsternbuch von Baumgartner wird die Spica-Natur durch die Jungfrau von Orleans verbildlicht, von der man aber alles Visionäre wegzudenken habe. Ein auf Nietzsches kämpferische Grundhaltung sehr gut passendes Bild, aber auch auf seine *Keuschheit*. Zarathustra spricht: *Wahrlich, es gibt Keusche von Grund aus: sie sind milder von Herzen, sie lachen lieber und reichlicher als ihr. Sie lachen auch über die Keuschheit und fragen: 'Was ist Keuschheit? Ist Keuschheit nicht Torheit? Aber diese Torheit kam zu uns, und nicht wir zu ihr. Wir boten diesem Gast Herberge und Herz: nun wohnt er bei uns, — mag er bleiben, wie lange er will!'* Ein Studium seiner Biographie zeigt, daß wir Nietzsche zu diesen *Keuschen von Grund aus* zu rechnen haben.

Die Opposition von Sonne und Pluto wird leicht durch den Neptun abgemildert, der zu Sonne ein △, zu Pluto ein ⚹ wirft, also im sogenannten harmonisierenden Punkt der Opposition steht. Die harten Schläge von ⊙☍♇ werden Nietzsche dadurch erträglich, daß er den 'Willen zur Macht' zu einer Religion erhebt und sich zu ihrem ersten Propheten ernennt. Daß dieser Mensch ein tief religiöses Wesen besaß, hat der Theologe Walter Nigg ausführlich belegt: Ja, er hatte die Merkmale eines echten *Heiligen* — allerdings eines entschieden nichtchristlichen Heiligen, muß man hinzufügen. Diese Charakterisierung ist nicht neu: Schon Oehler bezeichnete Nietzsche in seiner Grabrede als *verkappten Heiligen*. Das gilt auch dann, wenn Nietzsche selbst zu diesem Thema sagte: *Ich will kein Heiliger sein — lieber noch ein Hanswurst*. Wer so spricht, beweist jedenfalls, dem *Verdacht* auf Heiligkeit ausgesetzt zu sein. Dieser Verdacht erhärtet sich, wenn man hört, wie der 'letzte Papst' zu Zarathustra spricht: *In deiner Nähe, ob du schon gleich der Gottloseste sein willst, wittere ich einen heimlichen Weih- und Wohlgeruch von langen Segnungen: mir wird wohl und wehe dabei.*

Die Wesenszüge, die an den 'Hl. Nietzsche' glauben machen, spiegeln sich astrologisch neben Mond in Schütze wohl auch in dem, im Wassermann und in drei allerdings nicht gerade stark stehenden Neptun.

In die Irre führt es aber, wenn man wie Walter Schubart in seinem Buch *Dostojewski und Nietzsche* nicht nur von einem verkappten Heiligen, sondern gar von einem verkappten Christen spricht. Es ist eine Unart der Christen, alle großen und berühmten Menschen unter dem weiten Mantel ihrer Religion unterbringen zu wollen — selbst wenn die Betroffenen sich noch so heftig gegen eine solche Vereinnahmung wehren. Selbst wenn sie wie

Goethe betonen, 'dezidierte Nichtchristen' zu sein und über das 'Märchen von Christo' stöhnen, ja selbst wenn sie wie Nietzsche mit beachtlicher aggressiver Energie gegen das Christentum anschreiben und eine eigene, nichtchristliche Heilslehre aufstellen, so entgehen sie nicht dem Schicksal dieser höchst zweifelhaften 'Liebe'. Die Wurzel dieses Verhaltens ist letztlich Intoleranz: Die Unfähigkeit zu akzeptieren, daß es Menschen gibt, die mit der gleichen Intensität, mit dem gleichen Ernst des Suchens dazu kommen, den christlichen Glauben abzulehnen.

Zweifellos in sehr großer Erregung, wie die Herausgeber der Werkausgabe, bemerken, notierte der 24jährige Nietzsche die Sätze: *Was ich fürchte, ist nicht die schreckliche Gestalt hinter meinem Stuhle, sondern ihre Stimme; auch nicht die Worte, sondern der schauderhaft unartikulierte und unmenschliche Ton jener Gestalt. Ja, wenn sie noch redete, wie Menschen reden...*(S.7). Üblicherweise wird diese Notiz in einem pathologischen Sinne gedeutet, als erste Hinweise auf Nietzsches Erkrankung, usw. Wir schließen uns Nigg an, der hierzu schreibt: *Die Gestalt, die am lichten Tage hinter seinem Stuhl auftaucht und ihm schauderhaft unartikulierte Laute ins Ohr flüstert, so daß Nietzsche in grenzenloser Furcht zusammenfährt, ist vielmehr mit jenem Finger zu vergleichen, der auf die getünchte Wand die geheimnisvolle Schrift schrieb, die den König Belsazar zum Erbleichen brachte. Hier wie dort hat man es mit einem Zeichen aus der unsichtbaren Welt zu tun, das nach einer metaphysischen Deutung verlangt.*

Der Mond in eins in Schütze ist Symbol für Nietzsches seelischen Weitendrang, seine Liebe zum Vornehmen, Edlen, sein feuriges, begeisterungsfähiges Gemüt, das stets nach Weiterentwicklung drängte. Die Schweizerin META VON SALIS gibt von diesen Anlagen Zeugnis: *Ehe wir uns vor dem Essen trennten, bemerkte er lächelnd, ich werde nun genug haben von dem "hochmütigen" Nietzsche. Ich verneinte ernsthaft: "Ihr Hochmut stört mich nicht; ich nehme das Wort in seiner schönen, ursprünglichen Bedeutung." Im landläufigen Sinne des Ausdrucks war Nietzsche nichts weniger als hochmütig.* Ein solcher Hochmut, hoher Mut, paßt gut auf den stark gestellten Schützemond.

Nietzsche bevorzugte einen *aphoristischen* Stil: Er liebte es, seine Gedanken in kurzer, prägnanter Form zu Papier zu bringen. Seine Aphorismen entstanden oft als Frucht seiner ausgedehnten Wanderungen im Engadiner Bergland. Der einsame Bergwanderer bewegte, was er gelesen hatte, in seinem Geist und warf seine Gedanken, die oft blitzartig in ihn einschlugen, schnell auf ein Stück Papier. Die so entstehenden Zettelsammlungen bildeten dann Grundlage der aphoristischen Werke wie etwa *Jenseits von Gut und Böse.* Nietzsche glaubte, nur im *Gehen* echte Wahrheiten finden zu können: *Das Sitzfleisch ist die wahre Sünde wider den Heiligen Geist.*

Über die Tiefe des Erlebens, die für Nietzsche an Körper, Seele und Geist mit diesen Wanderungen verbunden war, macht man sich leicht einen mangelhaften Begriff. Es waren Tiefen, die ihn oft genug zu Tränen der Begeisterung hinrissen. Nietzsche hatte oft entzündete Augen, nur deshalb, *weil ich jedesmal den Tag zuvor auf meinen Wanderungen zuviel geweint, und zwar nicht sentimentale Tränen, sondern Tränen des Jauchzens; wobei ich sang und Unsinn redete, erfüllt von einem neuen Blick, den ich vor allen Menschen voraushabe.*

Hören wir, wie THOMAS RING den Mond in Schütze deutet (wobei er wahrscheinlich auch das Beispiel Nietzsches vor Augen hatte): *Stimmungston der großen Sicht, entfesselte Bewegungslust von Abenteuer zu Abenteuer, gleichsam ständig auf dem Wege zum Endziel befindlich, so daß die herantretenden Dinge — noch so intensiv erlebt — im Lichte der Vorläufigkeit stehen; freimütig in der Redeweise. Die ungeduldig aufs Künftige ausgerichtete Gemütslage braucht gläubigen Aufblick und Verehrung, eine gewisse Sakralstimmung mit unantastbaren Werten, verliert im idealen Schwung zuweilen das Verhältnis zur realen Gegenwart, der Wunsch eilt den Mitteln des Zustandekommens einer Erfüllung weit voraus. Forderungshafte Erwartungen, durch Überspitzen der Situation leicht enttäuscht auf sich zurückgeworfen; jäh aufflammende Gefühle, hoffnungsvoll gesteigert im Kontakt oder vornehm distanziert.*

Neben der Zeichenstellung ist auch die Bedeutung eines in Eckfeldern plazierten Mondes als *Popularitätsaspekt* zu berücksichtigen. Dieser Mond bildet Halbquadrate zu Sonne und Saturn, Quintile zu Mars und Neptun und ein Quadrat zur Venus. ☽□♀ mag den Ästheten andeuten, der auf bisweilen unechte, übertriebene Weise den Maßstab der Schönheit, des Gefallens, zum alleinigen Maß machen möchte.

Bis jetzt haben wir die Stellung des Aszendenten, des Mondes und die Opposition ☉☍♄ untersucht. All diese Faktoren werden aber an Bedeutung weit durch die beiden anderen, ebenfalls fast gradgenauen (!) Oppositionen dieses Horoskops in den Schatten gestellt: Die in den Eckfeldern IV und X plazierten Oppositionen ♂☍♃ und ☿☍⛢. Diese beiden Oppositionen sind die eigentlichen 'Schicksalsachsen' in seinem Horoskop, der von ihnen aufgespannte Tierkreisbereich ist hochempfindlich für Transite und Direktionen. Was bedeuten diese Oppositionen?

Der Komponist RICHARD WAGNER hat in seinem Horoskop gleichfalls die Opposition ♂☍♃. Wie bei Nietzsche steht sie nahe der Meridianachse und damit dominant. Bei Wagner ist diese Opposition in Zusammenhang mit dem prahlerischen, zum Größenwahn neigenden Wesen des Komponisten zu sehen, der sich von seinen Schülern als "Meister" anreden ließ und einen hemmungslosen Kult um seine Person begründete. Auch bei Nietzsche muß man in seiner Spätphase von Größenwahn sprechen. Halb ironisch, halb vom beginnenden Größenwahn gezeichnet, lauten etwa die Kapitelüberschriften des Spätwerks *Ecce Homo*: *Warum ich so klug bin — Warum ich so weise bin — Warum ich so gute Bücher schreibe.*

Nietzsches letzte und produktivste Schaffensphase in Sils-Maria begann, als der direkte Aszendent ins Quadrat zu Mars und Jupiter getreten war. Wir erwähnten, daß Nietzsches Konzept des Übermenschen gut zu seiner Opposition ☉☍☋ paßt. Aber der überhöhende, feierliche, monumentale Charakter dieses Entwurfs trägt die Züge von ♂☍♃. Die Willens- und Kampfkräfte richten sich zwar einerseits gegen die althergebrachte Religion und Philosophie (☍♃), sind aber selbst nicht imstande, etwas anderes als eine Art Ersatzreligion hervorzubringen. Der Einfluß Jupiters ist es hierbei, alles ins 'Große' zu ziehen. MARTIN LUTHER war es mit ♂☌♃ noch möglich, seine Marskräfte im Religiösen auszuleben: als missionarischer Eifer. Bei der Opposition ist dies schwieriger. Dennoch ist eine Verwandtschaft von Luther und Nietzsche im Kämpferischen deutlich erkennbar; Nietzsche hat selbst diese Verwandtschaft gespürt, wenn er schreibt: *Ich habe nie bis jetzt stärker meine innigste Abhängigkeit von dem Geiste Luthers gespürt als jetzt... auch ich glaube, etwas Heiliges zu vertreten.*

Typisch für ♂☍♃ ist auch der Verlust einer realistischen Einschätzung der Marskräfte — bei Nietzsche in Form eines kompromißlosen Einstehens für das Leben um seiner selbst willen, einer Idealisierung des *gesunden Menschen*, der in der Lage ist, seine Lebens- und Kampfinstinkte auf natürliche, durch keine Grübeleien verdorbene Weise anzuwenden. Alles moralisierende Bewerten des Lebens und der menschlichen Entwicklung zeuge von geschwächten Lebensinstinkten; ein gesunder Mensch stellt sich solche Fragen nicht, sondern lebt einfach! Besonders deutlich wird dies in der *Götzendämmerung* ausgesprochen: *Urteile, Werturteile über das Leben, für oder wider, können zuletzt niemals wahr sein: sie haben nur Wert als Symptome, sie kommen nur als Symptome in Betracht — an sich sind solche Urteile Dummheiten. Man muß durchaus seine Finger danach ausstrecken und versuchen, die erstaunliche Finesse zu fassen, daß der Wert des Lebens nicht abgeschätzt werden kann. Von einem Lebenden nicht, weil ein solcher Partei, ja sogar Streitobjekt ist, und nicht Richter; von einem Toten nicht, aus einem anderen Grunde. Von seiten eines Philosophen im Wert des Lebens ein Problem zu sehen, bleibt dergestalt sogar ein Einwurf gegen ihn, ein Fragezeichen an seiner Weisheit, eine Unweisheit.*

Interessant ist, daß später SIGMUND FREUD aus seiner eigenen Anschauung zu einem ähnlichen Resultat kam: *In dem Moment, da man nach Sinn und Wert des Lebens fragt, ist man krank; denn beides gibt es ja in objektiver*

Weise nicht. Man beweist nur, daß man ein erhöhtes Maß an unbefriedigter Libido [=Triebkraft, R.P.] *besitzt.* Auch Freuds Horoskop weist die Opposition ♂☍♃ auf.

Bei Nietzsche steht Jupiter in 'seinem' Zeichen Fische. Die Fischenatur des Jupiter kann man als Kraft der undifferenzierten Expansion bis hin zur Auflösung bezeichnen. Der in das rauschhaft-Neptunische des Fischezeichens eintauchende Jupiter kann in der Sprache Nietzsches am besten als sein *Dionysisches* bezeichnet werden. Demgegenüber stehen die klaren, abgezirkelten Formen des Jungfraumars für das *Apollinische*, die Kräfte der Differenzierung, für das messerscharfe Kritikvermögen, die präzise Formkraft des hervorragenden Altphilologen. Nietzsche hat in seinem Erstlingswerk, der *Geburt der Tragödie*, die Gegensätzlichkeit dieses Zwillingsgötterpaars untersucht. Wir werden darauf noch zu sprechen kommen.

Wird in der *Geburt der Tragödie* noch besonders das Dionysische gelobt und z.B. für die Musik gefordert — die Jupiter-Seite der Opposition — so bekommt Nietzsche andererseits oft Mars-Schlagseite: Beim "Umwerter aller Werte", beim "Philosophen mit dem Hammer", beim leidenschaftlichen Gegner des Christentums spricht Mars, der Jupiter bekämpft.

Der Jupiter in den Fischen in vier symbolisiert auch Nietzsches Vater. Nach dem Zeugnis der Biographen hatte dieser einen Hang zum Pathetischen und Sentimentalen (Jupiter in den Fischen), wie er einem Prediger wohl ansteht. Vor dem Erbgut seines Vaters hat sich Nietzsche oft gefürchtet. In einem Brief an Overbeck (vom 14.9.1884) bemerkt er zum Beispiel, seine *Anlage zum Mitleid* sei für ihn von größter Gefahr und führt diese Anlage auf seinen Vater zurück: *Vielleicht die böse Konsequenz der außerordentlichen Natur meines Vaters, den alle, die ihn kannten, mehr zu den Engeln als zu den Menschen gerechnet haben.* Nietzsche hatte mit dem wachen, bewußten Teil seines Wesens diese Anlage zum Mitleid stets abgelehnt und in die Tiefen seines Unbewußten verbannt. Was nicht verhinderte, daß sie wie ein mächtiger Trieb immer wieder in sein Leben drang. So war es ihm, wie Meta von Salis berichtet, nicht möglich, Dostojewskis Werk *Humiliés et Offensés* ohne überströmende Augen zu lesen. Sie stellt fest: *Er — das ist der springende Punkt — verurteilte gewisse Empfindungen in ihrer Steigerung nicht, weil er sie nicht* hatte, *sondern im Gegenteil, weil er sie* hatte *und ihre Gefahr* kannte.

Ja selbst das *Wahrheitsstreben*, dem Nietzsche sich noch als Student nach Lessingschem Vorbild verschrieben hatte, rechnet er in *Jenseits von Gut und Böse* (1885) zu dem zu bekämpfenden Jovischen: *Der Wille zur Wahrheit, der uns noch zu manchem Wagnisse verführen wird, jene berühmte Wahrhaftigkeit, von der alle Philosophen bisher mit Ehrerbietung geredet haben, was für Fragen hat dieser Wille zur Wahrheit uns schon vorgelegt? Welche wunderlichen, schlimmen, fragwürdigen Fragen? Das ist bereits eine lange Geschichte – und doch scheint es, daß sie kaum eben angefangen hat... Gesetzt, wir wollen Wahrheit, warum nicht lieber Unwahrheit?* RUDOLF STEINER konstatiert: *In Nietzsche ist die Neigung vorhanden, einen Gegensatz von Lebensnützlichkeit, Gesundheit, Macht und so weiter und Wahrheit zu empfinden* und spricht Nietzsche den Wahrheitssinn ab. Astrologisch wird man die erstgenannten Werte den in zehn stehenden Planeten Mars und Merkur, die hier gemeinte philosophische Wahrheit dagegen dem Jupiter in vier zuordnen müssen.

Der Pfarrersohn Nietzsche bekam durch das Elternhaus eine starke christliche Prägung und war in seiner Jugend ein ergebener Christ — so daß er von seinen Schulfreunden der *"kleine Pastor"* genannt wurde (wie seine Schwester Elisabeth sich erinnert). Die Konfirmation war für Nietzsche ein ergreifendes Ereignis, und noch als gläubiger Christ schrieb sich der junge Nietzsche in Bonn für das Theologiestudium ein. Später suchte sich der religiöse Trieb andere Formen, blieb ihm aber immer erhalten. Die häufig geäußerte Meinung, das Religiöse sei in Nietzsches Leben eigentlich nicht wichtig gewesen, ist nicht haltbar, wie WALTER NIGG überzeugend gezeigt hat.

Die Schlußverse eines dem *unbekannten Gotte* gewidmeten Gedichts, das der zwanzigjährige Nietzsche verfaßt hatte, lauten:

Ich will dich kennen, Unbekannter,
du tief in meine Seele Greifender,
mein Leben wie ein Sturm Durchschweifender,
du Unfaßbarer, mir Verwandter!
Ich will dich kennen, selbst dir dienen.

Dies zeigt die von Jupiter in den Fischen herrührende besondere Färbung seiner Religiosität, die ihm sein Leben lang geblieben ist (nur die äußeren Formen änderten sich). Noch im Spätwerk ist er auf der Suche nach dem *Unbekannten Gott*, wie die *Klage der Ariadne* (1885) beweist:

Unnennbarer, Unverhüllter, Entsetzlicher.
Du Jäger hinter Wolken.
Grausamster Jäger.
Du Unbekannter — Gott.
Was willst Du, Wegelagerer, von mir...
Gib, ja ergib,
Grausamster Feind, mir — Dich!

Wer denkt bei diesen ergreifenden Versen nicht an das mythische Motiv von Jakob 'Israel', dem Gottesstreiter, der die ganze Nacht mit Gott rang, um von diesem den Segen zu erzwingen. Und welcher Astrologe wird diesen Kampf mit Gott nicht mit dem Gegenüberstehen von Mars und Jupiter in Verbindung bringen!

Wir kommen nun zu der Opposition ☿☍♅, die den eigenwilligen, ja eigenbrötlerischen (Uranus) Denker (Merkur) darstellt. Sie verschmilzt mit ♂☍♃ zu einer einzigen starken Opposition, die wir schon als Nietzsches "Schicksalsachse" bezeichnet haben. Welche Bedeutung hat hier die Opposition von Merkur und Uranus?

Merkur ist allgemein der Signifikator der Verstandeskräfte. Hier wird das Denken eigenwillig durch ☿☍♅, scharf bis aggressiv durch ☿☌♂, aufgebläht und eingebildet durch ☿☍♃, aber auch ehrgeizig und hartnäckig durch ☿△♄. Merkur steht als Dispositor von zehn in "seinem" Haus und paßt gut zu Nietzsches Erfolg als Philologe und Philosoph.

Uranus, dessen Zeichenstellung wegen seiner Hervorhebung durch Felderstellung und scharfen Oppositionsaspekt individuelle Bedeutung hat, steht im Widder nach Thomas Ring für *stürmisch vorwärtsdrängende Eingebungen, die praktisch positive und kurzfristige Lösungen bevorzugen, knapp zielgerichtet, meist von Neuem überholt, bevor sie zu letzten Konsequenzen ausgreifen; eigenwillige Behauptungen, heftige Schübe der Entwicklung und oft explosiv, mehr sporadische als ausbauende Ideen.* Allerdings finde ich das Uranische in diesem Horoskop nicht genug herausgehoben, um mit BAUMGARTNER von einem *Uranier* zu sprechen. Man vergleiche doch einmal dieses Horoskop mit den Geburtsbildern von FRIEDRICH DEM GROSSEN, MOZART oder VOLTAIRE, um zu sehen, daß man wohl bei diesen Menschen, nicht aber bei Nietzsche von einem *sprühenden Feuerwerk uranischen Geistes* sprechen darf, wie es Baumgartner tut.

Dieser Uranus steht in Opposition zu Merkur und charakterisiert den originellen Denker, der seine Zeitgenossen durch revolutionäre, eigenwillige, unerhörte, nie gedachte Gedanken aufschreckt. Aber auch die plötzlichen Wandlungen in seinem geistigen Werdegang (etwa in seinem Verhältnis zu Wagner) sind durch die Opposition angedeutet. Der schon erwähnte aphoristische Stil — kurz, energisch, aggressiv, originell, paßt auf diese Konstellation. Nietzsche selbst charakterisiert ihn so: *Mein Ehrgeiz ist, in zehn Sätzen zu sagen, was jeder andere in einem Buch sagt — was jeder andere in einem Buch <u>nicht</u> sagt...*

Schließlich muß man auch die gesundheitliche Bedeutung dieser Konstellation bedenken: Uranus im Widder in Opposition zu Merkur steht auch für die rasenden Kopfschmerzen (Widder) und nervösen Störungen (Uranus), die Nietzsche von Kindesbeinen an plagten und an der geistigen Arbeit (Merkur) hinderten.

Merkur wirft zwar ein Anderthalbquadrat auf Neptun, aber Nietzsches spätere geistige Umnachtung wird sich weder in diesem Aspekt noch überhaupt in diesem äußerst schwach gestellten Neptun abbilden.[15] Vielmehr konnte Nietzsche der Spannung der Oppositionen ab einem bestimmten Punkt nicht mehr standhalten, so daß er seine Mitte verlor. Dem Turiner Zusammenbruch am 3.1.1889 ging ein Jahr des zunehmenden Größenwahns voran, in dem offenbar die Jupiterkräfte keine zügelnde Mitte mehr vorfanden und sich ins Krankhafte steigerten (♄$_{\sigma}$♃d., ♃$_{\sigma}$ 6d.). Gleichzeitig wuchs aber auch sein Schaffensdrang, er befand sich in einer geradezu euphorischen Stimmung bezüglich seines weiteren philosophischen Werks. Diese hochgradig instabile Situation schaukelte sich hoch und wurde schließlich durch einen unerwarteten Einbruch des Unbewußten bereinigt.

[15] Wenn er auch an den *Umständen* seines Turiner Zusammenbruchs durch Transite durchaus beteiligt ist, wie wir sehen werden.

3.4 Die Korrektur der Geburtszeit

Die amtlich festgehaltene Geburtszeit ist astrologisch nur in seltenen Fällen von Bedeutung. Die Geburt ist ja nicht ein Zeitpunkt, sondern ein Vorgang, dessen für uns relevante mittlere Periode, die sogenannte Austreibungsperiode, mit dem Erscheinen des Kopfes eingeleitet wird und bei einer Mehrgebärenden im Durchschnitt etwa $\frac{1}{2} - 1$ Stunde dauert. Ungefähr zwei Drittel dieser Periode sind für die Austreibung des Kopfes zu veranschlagen, wonach in einer zweiten, kürzeren Wehe der Rumpf geboren wird.[16]

Irgendwann während dieses Geburtsvorgangs, vielleicht auch etwas später oder früher, gibt es einen Zeitpunkt, zu dem sich der Geborene sozusagen in die astrologischen Rhythmen "einklinkt". Zwischen dieser *astrologischen Geburtszeit* und den physiologischen Vorgängen der Geburt besteht ein loser, nicht präzisierbarer Zusammenhang. Ich halte es für falsch, schematisch einen bestimmten Moment der Geburt als den astrologisch relevanten zu erklären, etwa den Austritt des Kopfes oder den ersten Atemzug. Wer diese Zeitpunkte genau festhält (und in den dreißiger Jahren haben deutsche Astrologen wie A. Bethor Geburten mit der Stoppuhr verfolgt), wird feststellen, daß die *astrologische Geburtszeit*, wie sie sich dann im Leben des Geborenen durch Transite, Direktionen und andere Prognosemethoden zeigt, keinem bestimmten Zeitpunkt des Geburtsvorgangs mit Sicherheit zuzuordnen ist. Wie gut auch immer die *physiologische Geburtszeit* festgehalten wurde: Die *astrologische Geburtszeit* muß erst noch ermittelt werden. Dies geschieht mit Hilfe der *astrologischen Geburtszeitkorrektur*.

Da es exzellente Lehrbücher über Geburtszeitkorrektur gibt (z.B. [SW1]), wollen wir uns hier darauf beschränken, die bekanntesten Verfahren der Geburtszeitkorrektur kurz vorzustellen:

Die Korrektur durch Lebensereignisse (*accidentia nati*)

Bei diesem Verfahren justiert man die Lage des Feldersystems so, daß wichtige Lebensereignisse mit Primärdirektionen zu den Achsen zusammenfallen. Es gibt auch Varianten, wo statt Primärdirektionen die Achsen der Solarhoroskope oder Achsenübergänge transitierender Planeten zur Korrektur herangezogen werden. Die *accidentia nati* ist die einzige 'a *posteriori*'-Methode, die aus der Betrachtung der bereits verflossenen Lebenszeit eine optimale Anpassung der Direktionen ermittelt — in der Hoffnung, daß die so gefundene Geburtszeit sich auch weiterhin bewährt.

---

[16]Eine physiologische Beschreibung der Geburt findet man z.B. in dem Buch von Kündig ([KP])

Die Hermeswaage (*trutina Hermetis*)

beruht auf alten Überlieferungen und zieht zur Korrektur der Geburtszeit ein *Konzeptionshoroskop* heran, das nach bestimmten Regeln mit dem Geburtshoroskop in Beziehung stehen soll. Die Forderung, daß diese Regeln genau erfüllt sein sollen, liefert dann nicht nur das Konzeptionshoroskop, sondern auch eine 'verbesserte' Geburtszeit.

Die Idee, auch das Konzeptionshoroskop zu berücksichtigen, läßt sich bis in die Anfänge der Geburtsastrologie zurückverfolgen: Eines der neun ältesten uns erhaltenen babylonischen Horoskope, aus dem Jahre 258 v.Chr., gibt die Konstellationen der Geburt *und* der Empfängnis an ([vW], S. 248). Diese sind aber, wie man nachrechnen kann, nicht durch die Hermeswaage aufeinander bezogen.

Schon ACHINAPULOS, ein Schüler des babylonischen Baalspriesters BEROSSOS, der im 3. Jahrhundert vor Christus auf der Insel Kos eine Astrologenschule gegründet hatte, lehrte die Berücksichtigung des Konzeptionshoroskops. Welche Regeln hierbei zur Berechnung des Empfängniszeitpunkts verwendet wurden, ist meines Wissens unbekannt.

Im mittelalterlichen pseudoptolemäischen *Centiloquium* (grch. Κάρπος), einer dem Ptolemäus zugeschriebenen Spruchsammlung ist die *trutina Hermetis* wie folgt erwähnt: Ἔνθα ἐστὶν ἡ σελήνη ἐν τῷ καιρῷ τῆς γεννήσεως, ἐκεῖνο τὸ ζῴδιον ὡροσκόπησεν ἐν τῇ σπορᾷ· καὶ ἔνθα ἐπὶ τῆς σπορᾶς τύχοι, ἐκεῖνο ἐν τῇ ἀποκυήσει ὡροσκοπήσει ([Pt2], Spruch 51).[17] Es wird also die Regel aufgestellt, daß das *Zeichen* des Radixmondes bei der Empfängnis aufgestiegen sei — und umgekehrt. Später wurde diese Regel verfeinert, indem nicht mehr nur das Zeichen, sondern die genaue Position von Aszendent und Radixmond sich austauschen sollen. Auch hatte man zwischen Aszendent und Deszendent zu wählen, je nach der Lage der Lichter zueinander und zum Horizont. Die genauen Regeln lauten ([Kl],[Bc3],[Fa]):[18]

[17] Wo der Mond zu Beginn des Lebens gestanden hat, dies Zeichen ging bei der Zeugung auf, und wo der Mond zur Zeugung stand, dies Zeichen ging bei der Geburt auf.

[18] v. KLOECKLER unterschlägt in seiner Darstellung (in [Kl]) die dritte dieser Regeln, die allerdings zur Zeitbestimmung unbedingt nötig ist: Sie ist die zweite Gleichung für die beiden Unbekannten Geburtszeit und Konzeption. In dem angefügten Rechenbeispiel verwendet er dann seltsamerweise die dritte Regel, ohne sie vorher eingeführt zu haben. FANKHAUSER dagegen hat eine Variante von Regel 1, wonach die Stellung des Mondes zum Meridian, nicht zum Horizont das Kriterium liefert.

Regel 1

☽r.	Regel
zunehmend	☽k. = ASC r.
abnehmend	☽k. = DSC r.

Regel 2

☽r.	☽r.	Schwangerschaft
zunehmend	über Horizont	< 273 Tage
zunehmend	unter Horizont	> 273 Tage
abnehmend	über Horizont	> 273 Tage
abnehmend	unter Horizont	< 273 Tage

Regel 3

☽r.	⊙r.	Regel
zunehmend	über Horizont	☽r. = ASC k.
zunehmend	unter Horizont	☽r. = DSC k.
abnehmend	über Horizont	☽r. = DSC k.
abnehmend	unter Horizont	☽r. = ASC k.

Eine Überprüfung der mit diesen Regeln erstellten Hermeswaage ergab, daß es an einem Tag rund 30 Zeitpunkte gibt, zu denen die Gleichungen exakt gelten. Im Durchschnitt tritt alle 45 Minuten ein solcher Zeitpunkt ein. Alle dazwischen liegenden Zeiten werden auf einen dieser Zeitpunkte korrigiert. Wäre die der Trutina Hermetis zugrundeliegende Hypothese wahr, so gäbe es an einem Tag in einer Großstadt wie Berlin nur rund dreißig verschiedene Geburtshoroskope! Das ist absurd.[19]

Möglicherweise existieren in der Tradition weitere, noch unerschlossene Zusatzregeln, mit denen diese Hermeswaage modifiziert wurde. Auch ergeben sich individuelle Abweichungen dadurch, daß der Konzeptionsort oft nicht mit dem Geburtsort übereinstimmt. W. Tomsits wies darauf hin, daß die Wiederholungsrechnung, um die exakte Lösung der Hermeswaage zu ermitteln, eine neuzeitliche Hinzufügung ist — er empfiehlt, nach dem ersten Rechengang abzubrechen, auch wenn die Gleichungen nicht exakt erfüllt sind ([To]).

[19]Der Rückgriff auf die Forschungen von E. Jonas über lunare Einflüsse bei Konzeption und Empfängnis zur Widerlegung der Hermeswaage ([SW1]) ist indes zweifelhaft, da diese Arbeiten methodisch unsauber und bisher nicht repliziert sind ([EN]).

Die Schnittpartnermethode

wurde in neuerer Zeit von H. KÜNDIG entwickelt ([KP]). Sie basiert darauf, daß der Abstand der Herrscher von MC und IC in Rektaszension berechnet wird; dieser Bogen wird in zehn gleich große Stücke geteilt. Die Regel lautet dann, daß einer dieser Teilungspunkte die RAMC der Geburt ist. Für eine ausführliche Darstellung dieses Systems sei auf das Buch von Kündig verwiesen, aber auch auf die neueren Arbeiten von J. HJELMBORG (z.B. [Hj]). Nach Hjelmborg hat Kündig das System später um zahlreiche Zusatzregeln erweitert, die aber nicht veröffentlich wurden.

Die Methode Bonatti

Bei dieser Methode werden Aszendent oder Meridian auf einen nahegelegenen Halbdistanzpunkt verlegt. Dieses Verfahren sollte nicht schematisch verfolgt werden, ist aber in Einzelfällen durchaus erfolgreich.

Auch bei dieser Methode ist zu beanstanden, daß sie nicht individuell genug ist: Bei zwei Geburtszeitpunkten, die sich nur um wenige Minuten unterscheiden, wären die Achsen auf den gleichen Halbdistanzpunkt zu korrigieren, so daß der *astrologische* Geburtszeitpunkt exakt derselbe wäre. Wie die Hermeswaage *nivelliert* also die Methode Bonatti kleine Unterschiede in der Geburtszeit. Sie kann daher nicht zum allgemeinen Prinzip erhoben werden.

3.5 Die Korrektur von Nietzsches Geburtszeit

Welche Geburtszeit erhält man mit Hilfe der angeführten Korrekturverfahren, wenn man sie auf das Horoskop Nietzsches anwendet?

Die Methode Bonatti

Der Methode Bonatti folgend, müßte man Nietzsches ASC auf eine der naheliegenden Halbsummen plazieren, das wären hier ♀/♆ auf 28° 40′ ♏ oder ♂/♄ auf 29° 20′ ♏. In Baumgartners *Schnittpunkte Deutungstabelle* ([Ba])[20] lesen wir zu ASC☌♀/♆: *der entwurzelte Schwache. Lebt nur in Illusionen. Entsagung. Krankheit; weich, lebensuntüchtig.* Und zu ASC☌♂/♄: *schweres Leben; alles mißlingt; ehelos; alles zersetzender Kritiker.* Vor allem die letztere Halbsumme ist auf Nietzsche sehr passend. Aber eine Vorverlegung des Aszendenten auf 29° 20′ bringt keine Übereinstimmung der Achsendirektionen mit wichtigen Ereignissen in Nietzsches Leben, wie der Verfasser feststellen mußte. Mit diesen Halbsummen zum ASC erhalten wir also nicht die *astrologische Geburtszeit.* Daß die charakterologische Deutung der Halbsummenbeziehungen so gut zutrifft, verwundert nicht: bleiben diese doch, wie alle Aspekte, noch mit einem gewissen Orbis gültig.

Bei Hinzunahme des MC läßt sich allerdings über die Tauglichkeit der Methode Bonatti als einer Art erster Näherung der astrologischen Geburtszeit wieder diskutieren. Als Korrektur-Halbsumme kommt hier nur ☿/♀ auf 20° 14′ ♍ in Frage, die Nietzsches Erfolg gerade durch seine bilderreiche, melodische, ja wie Musik anmutende Sprache erklärt. Das Korrekturergebnis, das wir anhand der Methode *accidentia nati* erhalten werden, wird diese Halbsummenbeziehung unbeabsichtigt auf 36 Bogenminuten genau reproduzieren. Aber unser MC auf 20° 50′ ♍ ergibt natürlich eine bessere Übereinstimmung der Direktionen mit den Lebensereignissen.

Die Schnittpartnermethode

Mit dieser Methode erhalten wir zwischen den Herrschern des MC (☿) und IC (♃) einen Bogen von 172° 25′ in RA.[21] Mögliche RAMC-Werte sind demnach 166° 31′ — also fast genau die angegebene Geburtszeit — oder 183° 46′, was bereits einem Aszendenten von 6° 25′ ♐ entspricht.

[20] vor deren übertriebenem Gebrauch wegen der orakelhaften, stichpunktartigen Formulierungen ebenso wie vor Ebertins *Kombination der Gestirneinflüsse* im übrigen zu warnen ist.

[21] Die Schnittpartner stehen auf verschiedenen Seiten des Meridians, daher ist dieser Bogen bereits der Teilungsbogen. Beim Stand auf der gleichen Seite des Meridians gibt Kündig an, man müsse das Komplement dieses Bogens zu 180° nehmen.

Die Hermeswaage

Für die *trutina Hermetis* bemerken wir zuerst, daß der Mond *zunehmend* ist und *unter dem Horizont* steht. Die Schwangerschaft betrug daher laut Hermeswaage *mehr* als 273 Tage, und der Mond der Radix entspricht dem ASC des Geburtshoroskops — und umgekehrt, da eine Taggeburt vorliegt. Es ist also der Mondstand zu suchen, der in dem bis zum 16.1.1844 verlaufenen siderischen Monat ungefähr dem Aszendenten der Geburt entspricht. Wir kommen auf den 15.1.1844. Zu der Zeit, an der an diesem Tag der Aszendent die Position von Nietzsches Radixmond einnimmt, hat der laufende Mond eine Position von 24° 7′ ♏. Dies soll nach der Hermeswaage der korrigierte Aszendent sein. Das ergibt eine Geburts-RAMC von 166° 52′. Die Hermeswaage liefert hier also eine Vorkorrektur der Geburtszeit um bloß 22 Bogenminuten, also praktisch die unkorrigierte Geburts-RAMC.

Theoretisch ist nun eine Wiederholungsrechnung durchzuführen, da die Hermeswaage noch nicht *exakt* erfüllt ist. Wegen der Nähe zur unkorrigierten Geburtszeit ist das hier überflüssig. Bei größeren Differenzen ist die Wiederholungsrechnung allerdings notwendig.[22]

Die Korrektur durch Lebensereignisse

Im Rest dieses Kapitels wollen wir nun eine *accidentia nati* Korrektur am Horoskop Nietzsches vornehmen.

Wichtig ist hierbei, daß nur die Direktionen zu den Achsen (und Häuserspitzen) als Signifikatoren bei der Geburtszeitkorrektur eine Rolle spielen können. Das hat den Grund, daß interplanetare Direktionen zu unempfindlich gegenüber Änderungen der Geburtszeit sind: Ändert sich die Geburts-RAMC um ein Grad, so wird sich der Direktionsbogen einer interplanetaren Direktion nur um wenige Bogenminuten ändern. Anders ist es, wenn einer der beiden Faktoren eine Achse ist, der andere nicht.

Da wir uns bei der Korrektur auf Achsendirektionen beschränken müssen, können wir unmöglich alle bekannten Lebensereignisse richtig zuordnen: Vieles wird durch interplanetare Direktionen angezeigt sein; andere Ereignisse wurden zwar von den Biographen festgehalten, waren aber in Wahrheit für Nietzsches Leben zu unbedeutend, um am Direktionshimmel zu

[22] Christoph Schubert-Weller läßt in seinem Zwillingsbeispiel([SW1], S. 234) die Wiederholungsrechnung aus. Die Hermeswaage ist bei seinen Korrekturzeiten daher nicht genau erfüllt, sondern weist noch die beträchtliche Differenz von 4 Grad zum wahren Wert auf. Nach zwei Iterationen bekommt man *für beide Zwillinge exakt den gleichen* DSC r.=☽k. auf 22° 58′ 8″ ♒ (anstelle von Schubert-Wellers Wert 18° 20′ ♒) bei ☽r.=DSC k. auf 22° 12′ 22″ ♏. Die Nivellierung ist daher nicht nur *näherungsweise*, sondern exakt.

erscheinen. Andererseits wird es Direktionen von ASC und MC geben, die keinem Lebensereignis entsprechen. Dies kann mit der notwendigen Unvollständigkeit der aus den Biographien bekannten Ereignisliste erklärt werden. Auch die stabilisierende, harmonisierende Wirkung von Sextil- und Trigonaspekten ist häufig nicht an Lebensereignissen ablesbar.

Der Intellektuelle Nietzsche besitzt natürlich nicht so eine ereignisreiche Vita wie ein mehr im Äußeren lebender Mensch: Die Hauptzeit seines Lebens wird er mit Lesen und Schreiben verbracht haben, die meisten Erlebnisse spielten sich im Kopf statt auf der äußeren Ebene ab und sind daher schwer faßbar. Andererseits gehört Nietzsches Leben neben dem von Samuel Johnson zum bestdokumentierten Leben eines Schriftstellers überhaupt (laut Walter Jens), und bei allen Unsicherheiten bleibt noch genug Sicheres, klar Datierbares übrig, das wir für unseren Zweck verwenden können.

Erster Schritt (nicht notwendig): Zuordnung einer markanten Direktion

Es kann vorkommen, daß man bei Betrachtung der Direktionen auf Anhieb das Gefühl hat, eine bestimmte Direktion sei einem bestimmten Lebensereignis zweifelsfrei zuzuordnen. Dies gibt einen ersten Tip, der als Testwert für die Geburtszeit nicht weniger wert ist als die amtlich angegebene.

Zu den Ereignissen in Nietzsches Kindheit, die einen tieferen Eindruck in ihm hinterlassen haben, gehört sicher der Tod des Vaters am 30.7.1849. Dieser wird durch die Direktion MC☍♃ angezeigt, die einzige ungünstige Achsendirektion im Umkreis von etwa fünf Jahren um das Ereignis, und sie ist auch auf den Tod des Vaters determiniert: Schon bei der Besprechung des Geburtshoroskops sahen wir, daß der Jupiter in vier mit dem (religiösen) Vater in Verbindung zu bringen ist. Auch die Todesart — Gehirnerweichung — paßt zu diesem Jupiter in den Fischen. Daß Jupiter hier der richtige Signifikator ist, zeigt auch der zur Todeszeit fällige Transit ♄t☌♃.

Nun wird diese Direktion nach der unkorrigierten Geburtszeit erst fünf Jahre nach dem Ereignis fällig. Es liegt also nahe, erst einmal die Geburtszeit vorzukorrigieren, so daß diese Direktion paßt. Wir kommen auf eine RAMC von 171° 34′, 5° 5′ mehr als die amtlich angegebene, was einem MC von 20° 49′ ♍ und einem ASC von 27° 29′ ♏ entspricht.

Bevor man nun Direktionen mit der so geänderten RAMC untersucht, wären theoretisch die Planetenstände auf diese Sternzeit neu zu berechnen. Aber in den 19^m59^s Weltzeit, die dieser Änderung entsprechen, ist allenfalls die Bewegung des Mondes zu berücksichtigen: Der Mond steht nun auf 8° 56′ statt auf 8° 44′ ♐.

Zweiter Schritt: Untersuchung von Lebensphasen

Entweder mit der vorkorrigierten Geburtszeit oder mit der angegebenen, falls wir im ersten Schritt keine eindeutige, überzeugende Beziehung gefunden haben, wenden wir uns nun anderen Lebensereignissen zu. Um die Primärdirektionen zu untersuchen, ist es günstig, eine Tabelle mit den Bewegungen der wichtigsten direkten und conversen Faktoren zu erstellen. Schon bei der Betrachtung der Radix haben wir erkannt, daß in diesem Horoskop neben den ptolemäischen Signifikatoren Aszendent, MC, Sonne und Mond vor allem auch Mars und Jupiter zu den Dominanten zu rechnen sind. Wir listen daher die primären Stände dieser Faktoren für den 1. Januar eines jeden Jahres von Nietzsches bewußtem Leben auf. Die entsprechenden Tabellen sind auf den folgenden beiden Seiten wiedergegeben. Die zugrundegelegte RAMC ist 171° 34′, die RAMC unserer Vorkorrektur.

Schon ein erster grober Blick auf diese Tabelle zeigt uns, daß wir es nicht schlecht getroffen haben:

Wenn wir den kritischen Horoskopbereich 26° veränderlich bis 4° kardinal, den Bereich der Schicksalsachsen untersuchen, so sehen wir, daß der direkte Aszendent ihn in den Jahren 1882-1890 passiert: Das ist aber genau die intensivste Phase im Leben Nietzsches, seine Zeit in Sils-Maria, die Zeit, in der der Hauptteil seines Werks entsteht, insbesondere der *Zarathustra*.

Das direkte MC hat im Jahre 1857 mit MC☌☿ diesen Bereich verlassen; der Übergang des MC über die empfindliche Strecke traf also den Knaben in seiner Naumburger Zeit, und die Auswirkungen werden vor allem im familiären Bereich zu spüren gewesen sein. Der Übergang des MC über Merkur leitet seine Zeit in dem Gymnasium Schulpforta ein, das den Grundstein seiner geistigen Ausbildung legte.

Die übrigen Faktoren sind subtiler und können erst im Rahmen einer detaillierten Analyse verstanden werden: Der direkte Mond durchläuft diese Strecke von 1866 bis 1875, während Mars und Jupiter sie schon in frühester Kindheit verlassen. Von den conversen Faktoren durchläuft nur die Sonne diesen Bereich, und zwar in den Jahren 1864 bis 1873. Den Grad der Opposition ⊙☍♅, 22° ♈ / ♎, erreicht das MC im Jahre 1874, der Mars 1868 und Jupiter 1870.

Direkte Stände (RAMC 171° 34′)

1.1.	ASC	MC	☉	☽	♂	♃
1845	27° 38′ ♏	21° 03′ ♍	22° 18′ ♎	9° 06′ ♐	28° 08′ ♍	26° 15′ ♓
1846	28° 21′ ♏	22° 08′ ♍	23° 12′ ♎	9° 53′ ♐	29° 11′ ♍	27° 18′ ♓
1847	29° 04′ ♏	23° 13′ ♍	24° 05′ ♎	10° 40′ ♐	0° 14′ ♎	28° 22′ ♓
1848	29° 48′ ♏	24° 18′ ♍	24° 59′ ♎	11° 27′ ♐	1° 17′ ♎	29° 25′ ♓
1849	0° 31′ ♐	25° 24′ ♍	25° 53′ ♎	12° 14′ ♐	2° 20′ ♎	0° 29′ ♈
1850	1° 15′ ♐	26° 29′ ♍	26° 46′ ♎	13° 02′ ♐	3° 23′ ♎	1° 33′ ♈
1851	1° 59′ ♐	27° 34′ ♍	27° 39′ ♎	13° 50′ ♐	4° 26′ ♎	2° 36′ ♈
1852	2° 43′ ♐	28° 40′ ♍	28° 33′ ♎	14° 38′ ♐	5° 29′ ♎	3° 40′ ♈
1853	3° 27′ ♐	29° 45′ ♍	29° 26′ ♎	15° 26′ ♐	6° 32′ ♎	4° 43′ ♈
1854	4° 11′ ♐	0° 50′ ♎	0° 19′ ♏	16° 15′ ♐	7° 34′ ♎	5° 47′ ♈
1855	4° 55′ ♐	1° 56′ ♎	1° 13′ ♏	17° 03′ ♐	8° 37′ ♎	6° 50′ ♈
1856	5° 40′ ♐	3° 01′ ♎	2° 06′ ♏	17° 52′ ♐	9° 40′ ♎	7° 54′ ♈
1857	6° 25′ ♐	4° 07′ ♎	2° 59′ ♏	18° 42′ ♐	10° 43′ ♎	8° 57′ ♈
1858	7° 09′ ♐	5° 12′ ♎	3° 52′ ♏	19° 32′ ♐	11° 45′ ♎	10° 01′ ♈
1859	7° 54′ ♐	6° 17′ ♎	4° 44′ ♏	20° 22′ ♐	12° 48′ ♎	11° 04′ ♈
1860	8° 40′ ♐	7° 22′ ♎	5° 37′ ♏	21° 12′ ♐	13° 50′ ♎	12° 07′ ♈
1861	9° 25′ ♐	8° 28′ ♎	6° 30′ ♏	22° 03′ ♐	14° 53′ ♎	13° 10′ ♈
1862	10° 11′ ♐	9° 33′ ♎	7° 23′ ♏	22° 54′ ♐	15° 55′ ♎	14° 13′ ♈
1863	10° 57′ ♐	10° 38′ ♎	8° 15′ ♏	23° 46′ ♐	16° 57′ ♎	15° 16′ ♈
1864	11° 43′ ♐	11° 43′ ♎	9° 08′ ♏	24° 38′ ♐	17° 59′ ♎	16° 19′ ♈
1865	12° 29′ ♐	12° 48′ ♎	10° 00′ ♏	25° 30′ ♐	19° 01′ ♎	17° 22′ ♈
1866	13° 16′ ♐	13° 53′ ♎	10° 53′ ♏	26° 23′ ♐	20° 03′ ♎	18° 25′ ♈
1867	14° 03′ ♐	14° 57′ ♎	11° 45′ ♏	27° 16′ ♐	21° 05′ ♎	19° 27′ ♈
1868	14° 50′ ♐	16° 02′ ♎	12° 37′ ♏	28° 10′ ♐	22° 07′ ♎	20° 30′ ♈
1869	15° 37′ ♐	17° 07′ ♎	13° 30′ ♏	29° 04′ ♐	23° 08′ ♎	21° 32′ ♈
1870	16° 25′ ♐	18° 11′ ♎	14° 22′ ♏	29° 59′ ♐	24° 10′ ♎	22° 35′ ♈
1871	17° 13′ ♐	19° 16′ ♎	15° 14′ ♏	0° 54′ ♑	25° 11′ ♎	23° 37′ ♈
1872	18° 01′ ♐	20° 20′ ♎	16° 06′ ♏	1° 50′ ♑	26° 12′ ♎	24° 39′ ♈
1873	18° 50′ ♐	21° 24′ ♎	16° 58′ ♏	2° 47′ ♑	27° 14′ ♎	25° 41′ ♈
1874	19° 39′ ♐	22° 28′ ♎	17° 50′ ♏	3° 44′ ♑	28° 15′ ♎	26° 42′ ♈
1875	20° 29′ ♐	23° 32′ ♎	18° 42′ ♏	4° 41′ ♑	29° 15′ ♎	27° 44′ ♈
1876	21° 18′ ♐	24° 35′ ♎	19° 33′ ♏	5° 40′ ♑	0° 16′ ♏	28° 45′ ♈
1877	22° 09′ ♐	25° 39′ ♎	20° 25′ ♏	6° 39′ ♑	1° 17′ ♏	29° 47′ ♈
1878	22° 59′ ♐	26° 42′ ♎	21° 17′ ♏	7° 38′ ♑	2° 17′ ♏	0° 48′ ♉
1879	23° 50′ ♐	27° 45′ ♎	22° 09′ ♏	8° 39′ ♑	3° 17′ ♏	1° 49′ ♉
1880	24° 42′ ♐	28° 48′ ♎	23° 00′ ♏	9° 40′ ♑	4° 17′ ♏	2° 50′ ♉
1881	25° 34′ ♐	29° 52′ ♎	23° 52′ ♏	10° 42′ ♑	5° 18′ ♏	3° 51′ ♉
1882	26° 26′ ♐	0° 54′ ♏	24° 44′ ♏	11° 45′ ♑	6° 17′ ♏	4° 51′ ♉
1883	27° 20′ ♐	1° 57′ ♏	25° 35′ ♏	12° 48′ ♑	7° 17′ ♏	5° 52′ ♉
1884	28° 13′ ♐	2° 59′ ♏	26° 27′ ♏	13° 53′ ♑	8° 16′ ♏	6° 52′ ♉
1885	29° 07′ ♐	4° 02′ ♏	27° 19′ ♏	14° 58′ ♑	9° 16′ ♏	7° 52′ ♉
1886	0° 02′ ♑	5° 04′ ♏	28° 10′ ♏	16° 05′ ♑	10° 15′ ♏	8° 52′ ♉
1887	0° 57′ ♑	6° 05′ ♏	29° 02′ ♏	17° 12′ ♑	11° 14′ ♏	9° 52′ ♉
1888	1° 53′ ♑	7° 07′ ♏	29° 53′ ♏	18° 20′ ♑	12° 13′ ♏	10° 52′ ♉
1889	2° 50′ ♑	8° 09′ ♏	0° 45′ ♐	19° 30′ ♑	13° 12′ ♏	11° 51′ ♉
1890	3° 48′ ♑	9° 10′ ♏	1° 36′ ♐	20° 40′ ♑	14° 11′ ♏	12° 51′ ♉

Converse Stände (RAMC 171° 34′)

1.1.	ASC	MC	☉	☽	♂	♃
1845	27° 19′ ♏	20° 35′ ♍	21° 55′ ♎	8° 46′ ♐	27° 41′ ♍	25° 48′ ♓
1846	26° 36′ ♏	19° 30′ ♍	21° 01′ ♎	8° 00′ ♐	26° 39′ ♍	24° 44′ ♓
1847	25° 53′ ♏	18° 25′ ♍	20° 07′ ♎	7° 14′ ♐	25° 36′ ♍	23° 41′ ♓
1848	25° 10′ ♏	17° 20′ ♍	19° 13′ ♎	6° 28′ ♐	24° 33′ ♍	22° 37′ ♓
1849	24° 27′ ♏	16° 15′ ♍	18° 19′ ♎	5° 42′ ♐	23° 30′ ♍	21° 34′ ♓
1850	23° 45′ ♏	15° 10′ ♍	17° 25′ ♎	4° 56′ ♐	22° 27′ ♍	20° 30′ ♓
1851	23° 02′ ♏	14° 06′ ♍	16° 31′ ♎	4° 10′ ♐	21° 24′ ♍	19° 27′ ♓
1852	22° 19′ ♏	13° 01′ ♍	15° 37′ ♎	3° 25′ ♐	20° 22′ ♍	18° 24′ ♓
1853	21° 37′ ♏	11° 56′ ♍	14° 43′ ♎	2° 39′ ♐	19° 19′ ♍	17° 20′ ♓
1854	20° 54′ ♏	10° 52′ ♍	13° 49′ ♎	1° 54′ ♐	18° 16′ ♍	16° 17′ ♓
1855	20° 12′ ♏	9° 48′ ♍	12° 54′ ♎	1° 09′ ♐	17° 14′ ♍	15° 14′ ♓
1856	19° 29′ ♏	8° 44′ ♍	12° 00′ ♎	0° 24′ ♐	16° 11′ ♍	14° 11′ ♓
1857	18° 47′ ♏	7° 40′ ♍	11° 05′ ♎	29° 39′ ♏	15° 09′ ♍	13° 08′ ♓
1858	18° 05′ ♏	6° 36′ ♍	10° 11′ ♎	28° 54′ ♏	14° 06′ ♍	12° 06′ ♓
1859	17° 22′ ♏	5° 32′ ♍	9° 17′ ♎	28° 09′ ♏	13° 04′ ♍	11° 03′ ♓
1860	16° 40′ ♏	4° 29′ ♍	8° 22′ ♎	27° 24′ ♏	12° 02′ ♍	10° 01′ ♓
1861	15° 58′ ♏	3° 25′ ♍	7° 28′ ♎	26° 40′ ♏	11° 00′ ♍	8° 58′ ♓
1862	15° 16′ ♏	2° 22′ ♍	6° 33′ ♎	25° 55′ ♏	9° 58′ ♍	7° 56′ ♓
1863	14° 34′ ♏	1° 19′ ♍	5° 39′ ♎	25° 11′ ♏	8° 56′ ♍	6° 54′ ♓
1864	13° 51′ ♏	0° 16′ ♍	4° 44′ ♎	24° 26′ ♏	7° 55′ ♍	5° 52′ ♓
1865	13° 09′ ♏	29° 13′ ♌	3° 49′ ♎	23° 42′ ♏	6° 53′ ♍	4° 49′ ♓
1866	12° 27′ ♏	28° 11′ ♌	2° 55′ ♎	22° 58′ ♏	5° 51′ ♍	3° 48′ ♓
1867	11° 45′ ♏	27° 08′ ♌	2° 00′ ♎	22° 13′ ♏	4° 50′ ♍	2° 46′ ♓
1868	11° 03′ ♏	26° 06′ ♌	1° 06′ ♎	21° 29′ ♏	3° 49′ ♍	1° 44′ ♓
1869	10° 21′ ♏	25° 04′ ♌	0° 11′ ♎	20° 45′ ♏	2° 48′ ♍	0° 43′ ♓
1870	9° 39′ ♏	24° 02′ ♌	29° 16′ ♍	20° 01′ ♏	1° 47′ ♍	29° 42′ ♒
1871	8° 57′ ♏	23° 00′ ♌	28° 22′ ♍	19° 17′ ♏	0° 46′ ♍	28° 41′ ♒
1872	8° 15′ ♏	21° 59′ ♌	27° 27′ ♍	18° 33′ ♏	29° 45′ ♌	27° 40′ ♒
1873	7° 33′ ♏	20° 57′ ♌	26° 32′ ♍	17° 49′ ♏	28° 45′ ♌	26° 39′ ♒
1874	6° 51′ ♏	19° 56′ ♌	25° 38′ ♍	17° 05′ ♏	27° 44′ ♌	25° 38′ ♒
1875	6° 09′ ♏	18° 55′ ♌	24° 43′ ♍	16° 21′ ♏	26° 44′ ♌	24° 38′ ♒
1876	5° 27′ ♏	17° 54′ ♌	23° 49′ ♍	15° 37′ ♏	25° 44′ ♌	23° 37′ ♒
1877	4° 45′ ♏	16° 53′ ♌	22° 54′ ♍	14° 53′ ♏	24° 44′ ♌	22° 37′ ♒
1878	4° 03′ ♏	15° 53′ ♌	22° 00′ ♍	14° 09′ ♏	23° 44′ ♌	21° 37′ ♒
1879	3° 21′ ♏	14° 53′ ♌	21° 05′ ♍	13° 26′ ♏	22° 44′ ♌	20° 37′ ♒
1880	2° 39′ ♏	13° 53′ ♌	20° 11′ ♍	12° 42′ ♏	21° 45′ ♌	19° 37′ ♒
1881	1° 57′ ♏	12° 53′ ♌	19° 16′ ♍	11° 58′ ♏	20° 45′ ♌	18° 38′ ♒
1882	1° 15′ ♏	11° 53′ ♌	18° 22′ ♍	11° 14′ ♏	19° 46′ ♌	17° 38′ ♒
1883	0° 33′ ♏	10° 53′ ♌	17° 27′ ♍	10° 30′ ♏	18° 47′ ♌	16° 39′ ♒
1884	29° 51′ ♎	9° 54′ ♌	16° 33′ ♍	9° 46′ ♏	17° 48′ ♌	15° 40′ ♒
1885	29° 08′ ♎	8° 55′ ♌	15° 39′ ♍	9° 03′ ♏	16° 49′ ♌	14° 41′ ♒
1886	28° 26′ ♎	7° 56′ ♌	14° 45′ ♍	8° 19′ ♏	15° 51′ ♌	13° 42′ ♒
1887	27° 44′ ♎	6° 57′ ♌	13° 50′ ♍	7° 35′ ♏	14° 52′ ♌	12° 44′ ♒
1888	27° 02′ ♎	5° 58′ ♌	12° 56′ ♍	6° 51′ ♏	13° 54′ ♌	11° 45′ ♒
1889	26° 20′ ♎	4° 59′ ♌	12° 02′ ♍	6° 07′ ♏	12° 56′ ♌	10° 47′ ♒
1890	25° 38′ ♎	4° 01′ ♌	11° 08′ ♍	5° 23′ ♏	11° 58′ ♌	9° 49′ ♒

Es ist zweckmäßig, die Direktionen der Achsen nicht alle zusammen aufzulisten, sondern nach Signifikator geordnet. Die Wege der direkten Faktoren durch den Tierkreis können dann besser verfolgt werden, was die Übersichtlichkeit steigert:

ASC direkt

Datum	DB	Aspekt	Länge
25. 5.1845	0° 36′	ASC⚹ ♂d.	27° 55′ ♏
1. 5.1849	4° 32′	ASC⚹ ♄d.	0° 46′ ♐
18. 2.1853	8° 20′	ASC△ ♅d.	3° 33′ ♐
9.12.1853	9° 09′	ASC⚹ ☿d.	4° 08′ ♐
2.12.1856	12° 07′	ASC□ ♀d.	6° 21′ ♐
13. 5.1860	15° 34′	ASC☌ ☽d.	8° 56′ ♐
25. 8.1875	30° 51′	ASC⚹ ♆d.	21° 01′ ♐
16.12.1876	32° 10′	ASC⚹ ☉d.	22° 07′ ♐
19.12.1877	33° 10′	ASC△ ☊d.	22° 57′ ♐
9. 7.1881	36° 43′	ASC□ ♃d.	26° 01′ ♐
29. 8.1883	38° 52′	ASC□ ♂d.	27° 55′ ♐
28. 9.1889	44° 57′	ASC□ ♅d.	3° 33′ ♑

ASC convers

Datum	DB	Aspekt	Länge
26.10.1846	2° 01′	ASC△ ♃c.	26° 01′ ♏
6.11.1853	9° 03′	ASC□ ♆c.	21° 01′ ♏
16. 9.1874	29° 55′	ASC⚹ ♀c.	6° 21′ ♏
9. 9.1882	37° 54′	ASC□ ♄c.	0° 46′ ♏

MC direkt

Datum	DB	Aspekt	Länge
29. 7.1849	4° 47′	MC☍ ♃d.	26° 01′ ♍
26. 4.1851	6° 31′	MC☌ ♂d.	27° 55′ ♍
5.12.1853	9° 08′	MC△ ♄d.	0° 46′ ♎
25. 6.1856	11° 41′	MC☍ ♅d.	3° 33′ ♎
10. 1.1857	12° 14′	MC☌ ☿d.	4° 08′ ♎
9. 6.1861	16° 39′	MC⚹ ☽d.	8° 56′ ♎
21. 8.1872	27° 51′	MC△ ♆d.	21° 01′ ♎
1. 9.1873	28° 52′	MC☌ ☉d.	22° 07′ ♎
19. 6.1874	29° 40′	MC☍ ☊d.	22° 57′ ♎
12.11.1881	37° 04′	MC□ ♄d.	0° 46′ ♏
3. 4.1887	42° 27′	MC⚹ ♀d.	6° 21′ ♏

MC convers

Datum	DB	Aspekt	Länge
22.10.1855	11° 00′	MC□ ☽c.	8° 56′ ♍
27. 3.1858	13° 26′	MC☌ ♀c.	6° 21′ ♍
16. 1.1871	26° 15′	MC△ ☊c.	22° 57′ ♌
14.11.1871	27° 04′	MC⚹ ☉c.	22° 07′ ♌
10.12.1872	28° 09′	MC☍ ♆c.	21° 01′ ♌
21.12.1884	40° 11′	MC△ ☽c.	8° 56′ ♌
17.11.1889	45° 05′	MC⚹ ☿c.	4° 08′ ♌

Dritter Schritt: Betrachtung der Lebensereignisse im einzelnen

Um nun weiterzukommen, müssen wir uns dem Lebensgang Nietzsches in seinen Details zuwenden, wobei wir von einer qualitativen Zeichnung der großen Linien allmählich zu den Einzelheiten übergehen und prüfen, ob sie mit dem Direktionshimmel in Einklang stehen. Wenn nicht, haben wir einen Schritt zurückzugehen und eine neue Geburtszeit anzunehmen, die besser zu den betrachteten Lebensphasen paßt.

Gehen wir vom Tod des Vaters in die letzte Phase von Nietzsches bewußtem Leben! Mit der Entlassung aus dem Professorenstand am 8. Mai 1879 beginnt für Nietzsche eine ruhelose und einsame Zeit:

Stets auf der Suche nach dem Kurort mit dem richtigen Wetter, irrt er durch Südeuropa, bis er im Sommer 1881 in Sils-Maria einen Haltepunkt gefunden hat. Am Anfang August 1881 schaut er dort wie in einer Offenbarung die Idee der Ewigen Wiederkehr, auf die wir noch zu sprechen kommen. Hierauf paßt die Direktion ASC□♃; Jupiter bedeutet ja in Nietzsches geistigem Leben die dionysischen Qualitäten, und die Ewige Wiederkehr ist qualitativ dem Reich des Dionysos zuzuordnen. Auch ist Jupiter allgemein ein Signifikator für religiöse Ideen oder Offenbarungen. Zwar begründet Nietzsche die Ewige Wiederkehr mit dem damals modernen Materialismus, der aber die Rolle einer Ersatzreligion spielt. Nun ist die Direktion ASC□♃ d. am 8.7.1881 fällig, einen Monat vor dem Ereignis.

Von diesem Zeitpunkt an werden eine Reihe ungünstiger Aspekte fällig: Der direkte Aszendent tritt nun ins Quadrat zu der Haupt-Oppositionsgruppe ♂☍♃ und ☿☍♅. Der converse Aszendent erreicht 1882 die Quadraturstelle des Saturn, ebenso 1881 das direkte MC.

Erst ein Jahr nach Nietzsches Zusammenbruch ist mit ASC□☿ d. die letzte Direktion dieser Serie eingetreten, und es erfolgt bis ins Jahr 1893 eine Entspannung.

Die dadurch ausgezeichnete Phase von 1881 bis 1889 bildet auch in Nietzsches Leben eine Einheit. Beginnend mit seinem ersten Aufenthalt in Sils-Maria, kann man diese Phase als die Zarathustra-Phase bezeichnen: Es entstehen in der Hauptsache die vier Bände von *Also sprach Zarathustra*, aber auch *Jenseits von Gut und Böse* und 1888 einige Schriften, die bereits sehr deutlich die Züge seelischen Ungleichgewichts tragen, wie etwa der *Antichrist*, die *Götzendämmerung* und *Ecce Homo*. Nietzsche ist in dieser Phase je nach Wetter, Jahreszeit und Gesundheitszustand an den verschiedensten Orten Norditaliens und der Schweiz anzutreffen.

Diese entscheidende Phase in Nietzsches Leben geht also, wie wir schon beobachtet hatten, synchron mit dem Direktionshimmel und bestätigt im Groben unsere Vorverlegung der Geburtszeit. Wir wollen nun einzelne Ereignisse in Verbindung mit entsprechenden Direktionen bringen.

Kein Jahr nach dem Tod seines Vaters, im Februar 1850, mußte Nietzsche auch den Tod seines jüngeren Bruders Joseph erleben. Im April desselben Jahres zog die Familie nach Naumburg um; für Nietzsche, der nun das einzige männliche Familienmitglied war, während die Erziehung in den Händen seiner Mutter und zweier Tanten lag, begann in der neuen Umgebung eine harte, von Lebensdurchsetzung und Verantwortung gegenüber der jüngeren Schwester Elisabeth geprägte Zeit. Wir tun recht, diese Ereignisse mit der Direktion MC σ♂ d. in Verbindung zu bringen.

Die am 10.7.1846 geborene Schwester Elisabeth — die genaue Geburtszeit war mir leider nicht zugänglich — spielte eine wichtige Rolle im Leben Nietzsches: Sie war seine Freundin und Beraterin und trug nach seinem geistigen Zusammenbruch die Verantwortung zur Herausgabe seines Werks, eine Aufgabe, der sie leider nicht völlig gerecht wurde. Um der Öffentlichkeit eine heile Familienwelt vorzugaukeln, scheute sie auch nicht vor Dokumentenfälschungen zurück — auch eine Bedeutung von Nietzsches Neptun in drei (Geschwister). Obwohl Dokumentenfälschung natürlich wissenschaftlich gesehen ein allerschwerstes Delikt ist, sollte man dennoch Verständnis für Elisabeth Nietzsche aufbringen, die sich nie aus dem Banne ihres Bruders hat lösen können und ihr ganzes seelisches Wohl und Wehe an die Beziehungen zu ihrem Bruder knüpfte.

Elisabeths Mond steht auf der Spitze von Friedrichs *III.* Haus in Konjunktion mit seinem Saturn: Nietzsche gefiel sich in seiner Jugend in einer Art Vaterrolle gegenüber seiner jüngeren Schwester. Durch Friedrich wird die Schwester in den ihr als Frau gegebenen Rahmen zurückgewiesen — eine Rolle, die durchaus nicht so gut auf sie paßte. Dies zeigt exemplarisch eine von Elisabeth festgehaltene Episode aus ihrer Kindheit: *Einmal hatte ich in meiner Seele beschlossen, den Monolog des Soliman aus dem Zriny von Körner vorzutragen. Der Monolog fängt an: "Ich soll mich schonen? — soll den Funken der Kraft, der in den alten Heldengliedern schlummert, im müßigen Leben langsam sterben sehn?" u.s.w. Mein Bruder lachte hell auf, als ich ihm die Absicht kundgab und erlaubte es natürlich nicht, und noch im späteren Leben erzählte er öfter: "Meine Schwester hatte schon als kleines Kind den Zug zum Heroischen, aber manchmal machte sich das zu komisch, sie sah so gar nicht danach aus."*

Elisabeth muß also die schmerzvolle Erfahrung machen, daß die Hingabe an ein Ideal, wofür ihr Bruder höchstes Lob erntete, ihr wegen ihres Geschlechts nicht zugestanden wird. Daß diese Lektion ihr gerade von ihrem Bruder erteilt wird, paßt astrologisch recht gut auf die Konjunktion seines Saturns mit ihrem Mond.

Noch als Erwachsener verstand es Nietzsche, seine Schwester an sich zu binden und ihr geistige, seelische und körperliche Reproduktionsarbeit abzuverlangen. Er holte in häuslichen Fragen und bei seinen zahllosen Heiratsplänen ihren Rat ein, wobei er sie für die Suche nach der richtigen Ehefrau (die sich natürlich nie einstellte) regelrecht als Sekretärin und Detektivin arbeiten ließ. Auch seinen Basler Haushalt durfte Elisabeth ihm führen.

Allerdings gefiel sich Elisabeth in dieser behütenden Rolle und bildete zusammen mit Nietzsches Mutter eine Art Allianz, um ihn vor den vermeintlichen Härten des Lebens zu bewahren. Der zweifellos autobiographische Aphorismus *Die goldene Wiege* aus *Menschliches Allzumenschliches* singt uns hiervon ein Lied:

Der Freigeist wird immer aufatmen, wenn er sich endlich entschlossen hat, jenes mutterhafte Sorgen und Bewachen, mit welchem die Frauen um ihn walten, von sich abzuschütteln. Was schadet ihm denn ein rauherer Luftzug, den man so ängstlich von ihm wehrte, was bedeutet ein wirklicher Nachteil, Verlust, Unfall, eine Erkrankung, Verschuldung, Betörung mehr oder weniger in seinem Leben, verglichen mit der Unfreiheit der goldenen Wiege, des Pfauenschweifwedels und der drückenden Empfindung, noch dazu dankbar sein zu müssen, weil er wie ein Säugling gewartet und gepflegt wird? Deshalb kann sich ihm die Milch, welche die mütterliche Gesinnung der ihn umgebenden Frauen reicht, so leicht in Galle verwandeln.

Häufig, wenn auch nicht immer, ist Elisabeth durch Friedrichs Neptun in drei symbolisiert. Z.B. steht ihre Geburt im Zusammenhang mit ⊙△♆ c. Elisabeth bemerkt übrigens in ihren Kindheitserinnerungen, daß beide, sowohl sie als auch ihr Bruder, im Frühjahr 1857 besonderen schulischen Erfolg hatten — bei Nietzsche astrologisch plausibel, denn MC ☌ ☿ d. war im Januar fällig geworden. Vielleicht war dieser Erfolg maßgebend für seine Einschulung im Gymnasium von Schulpforta, die ein Jahr später erfolgte. Die Stelle aus Elisabeths Biographie lautet: *Im Frühjahr 1857 kamen kurz nacheinander zwei Schulräte nach Naumburg, der eine, um die Lehranstalten der Knaben, der andere, um die Mädchenschulen zu revidieren. Fritzens Schulrat hatte ganz besonderes Interesse für Fritz gezeigt, mehrfach nach seinem Namen gefragt und denselben zuletzt noch aufgeschrieben. Aber auch mein Schulrat zeigte freundliche Teilnahme für mich und erkundigte sich nach meinem Namen.*

Schon als Knabe litt Nietzsche unter starken Kopfschmerzen, die im Sommer 1856 so zunahmen, daß er für ein Halbjahr ganz von der Schule befreit wurde. Das direkte MC überschritt zu dieser Zeit die Opposition zu Uranus, der im Organischen dem Nervensystem zugeordnet wird, wobei er durch seine Position im Zeichen Widder auf den Kopf zu beziehen ist. Noch genau ein weiteres Mal tritt Uranus als Promissor in einer Achsendirektion auf: Im Jahre 1889, im Jahr des geistigen Zusammenbruchs, wird ASC □♅ d. fällig.

Die Direktion ASC ☌☽ d., fällig im Mai 1860, leitete eine Phase hoher literarischer und musikalischer Aktivität im Leben des Fünfzehnjährigen ein. Seit Jahren schon hatte er komponiert — aber in den Jahren 1860 und 1861 hatte seine musikalische Produktion ihren Höchststand erreicht. Er komponierte Messen und Motetten, und auch an seiner Wahlliteratur ist zu ersehen, daß sein *religiöses* Interesse zunahm. Zusammen mit zwei Schulfreunden gründete er am 25.7.1860 die Vereinigung *Germania*, deren Mitglieder sich gegenseitig zu literarischen und musikalischen Leistungen anspornten. Auch muß im Jahre 1860 Nietzsches Liebe zu dem damals noch verkannten HÖLDERLIN erwacht sein, von der WALTER NIGG berichtet. In einem, in Form eines Briefes an einen Freund verfaßten Schulaufsatz schreibt er: Die Verse HÖLDERLINS *entquollen dem reinsten, weichsten Gemüt, diese Verse, in ihrer Natürlichkeit und Ursprünglichkeit die Kunst und Formgewandtheit Platens verdunkelnd, diese Verse, bald im erhabensten Odenschwung einherwogend, bald in die zartesten Klänge der Wehmut sich verlierend, diese Verse kannst du mit keinem anderen Wort beloben als mit dem schalen, alltäglichen 'wohlgelungen'?* [Sein Prosawerk 'Hyperion'] *ist Musik, weiche schmelzende Klänge, von schmerzlichen Dissonanzen unterbrochen, endlich verhauchend in düstren, unheimlichen Grabliedern.* Hier hat schon der Schüler seine erste Wesensberührung mit dem Dionysischen erlebt. Das Verständnis eines Dichters *"aus dem Geist der Musik"* wird man auch bei Nietzsches eigenen Werken anzuwenden haben.

Im März 1861 lernte Nietzsche durch Gustav Krug, ein Mitglied der *Germania*, zum ersten Mal die Musik Richard Wagners kennen — einen Klavierauszug aus *Tristan und Isolde* — und war begeistert.

Am 10.3.1861 wurde Nietzsche *konfirmiert*, ein Ereignis, das er, wie schon erwähnt, mit religiösem Ernst erlebte und das ihm alles andere als ein bloß formaler Akt war. Aber bei allem inneren Gehalt ist die Konfirmation vor allem ein gesellschaftliches Ereignis — wir können sie der Direktion MC ⚹☽ zuordnen.

Der Beginn seines Studiums der Theologie und klassischen Philologie im Wintersemester 1864 in Bonn wie auch jene unglückliche Episode vom

Januar 1865, bei der der an den Kölner Sehenswürdigkeiten interessierte Nietzsche – nach glaubwürdiger eigener Darstellung des Vorfalls – unfreiwillig in ein Kölner Bordell geführt wurde, diesen Ort der Sünde allerdings eilends wieder verließ, stehen unter dem Zeichen der interplanetaren Primärdirektionen ♂☌♀ c. (7/1865) und ☽□♃ d. (8/1865), die für Korrekturzwecke allerdings nicht in Frage kommen. In dieser Zeit muß er auch zu seinem Entschluß gekommen sein, die Theologie aufzugeben und sich auf die klassische Philologie zu konzentrieren, an der er ihre Wissenschaftlichkeit und Nüchternheit rühmte. Der Biograph *Ivo Frenzel* kommt zu dem Ergebnis, daß Nietzsche sich zur Philologie wie zu einer Art Kur für sein leidenschaftliches und schwärmerisches Gemüt entschieden habe. Zugleich muß in dieser Zeit sein Zweifel am christlichen Glauben eingesetzt haben.

Nach einem Philologenstreit folgte Nietzsche seinem Lehrer Ritschl bereits ein Jahr darauf, im Winter 1865, nach Leipzig; dieser hatte einen so hohen Eindruck von seinem Schüler, daß er ihn nur drei Jahre später der Universität Basel als außerordentlichen Professor empfahl. Unter ☉△♄ c. erhielt Nietzsche im Winter 1868 eine Anstellung an der Basler Universität, wo er am 9.4.1870 zum ordentlichen Professor ernannt wurde — als der direkte Mond ins II. Haus eingetreten war (die Basler zahlten gut!) und außerdem die Direktion ☉⚹ASC c. fällig wurde.

Aber im selben Jahr 1868 erreichte der direkte Mond die Quadraturstelle des Mars. Nietzsche zog sich im März 1868 während seiner Militärdienstzeit als Einjähriger beim Sturz vom Pferd einen *Brustbeinbruch* zu.

In die Jahre 1869 bis 1871 fällt die Niederschrift von Nietzsches Erstlingswerk, *Die Geburt der Tragödie aus dem Geist der Musik*, das dann im Neujahr 1872 erschien. In diesem Werk entwickelt Nietzsche in einer wunderbar melodischen Sprache das Begriffspaar des 'Apollinischen' und 'Dionysischen' als Grundarten künstlerischen Ausdrucks. Die Hauptthese des Buches ist, daß die klassische Tragödie sich aus dem 'Dionysischen' entwickelt habe, das ursprünglich, im frühen Griechenland das allein herrschende gewesen sei. Das Dionysische bedeutet dabei das Element der Ekstase, des Aus-sich-Herausgestelltseins im gefühlsmäßigen Erleben, der Aufhebung der durch Ich und Bewußtsein gezogenen Grenzen in einer größeren Einheit. Zu diesem Dionysinischen sei aber in der stilvollendeten attischen Tragödie noch das 'Apollinische' hinzugetreten, das im Gegenzug für ein Erleben in auskristallisierten, gesetzmäßigen, bewußt ausgearbeiteten Formen steht. Die bestgeeignete Kunstform zum Ausdruck des Dionysischen sei die *Musik.* Von diesem ursprünglich Dionysischen gebe noch der *Chor* der klassischen Tragödie Zeugnis. Die vollendete Harmonie des Apollinischen mit dem Dionysischen, wie sie in der Tragödie noch herrschte, sei erst in späterer Zeit zerstört worden — insbesondere durch die sokratische Philosophie, die eine ungesunde, anti-Dionysischen Haltung habe. Es wird also auf die schweren Verluste hingewiesen, die der Übergang vom Mythos zum Logos für die Kunst mit sich brachte: Durch das Vernünfteln, durch 'des Gedankens Blässe' sei das Dionysische nach und nach in die Bedeutugslosigkeit geraten. Um den dadurch gegebenen Verfall der Kunst aufzuhalten, sei es heute notwendig, das Dionysische wiederzubeleben. Dies müsse, der Natur des Dionysischen gemäß, vor allem im Bereich der Tonkunst geschehen. Als Beispiel für Protagonisten, die in diese Richtung arbeiteten, nannte Nietzsche Beethoven (dessen Schlußsatz der 9. Symphonie er hervorhob) und — Richard Wagner. Das ganze Werk war als eine Hommage an Richard Wagner gedacht, den Nietzsche am 8.11.1868 erstmals persönlich kennengelernt hatte. In den ersten Jahren verband ihn eine tiefe Freundschaft und Hochschätzung mit Wagner; er war ein häufiger und gern gesehener Gast im Hause von Richard und Cosima Wagner in Tribschen.

Das besondere Verhältnis Nietzsches zu Richard und Cosima Wagner wird übrigens auch astrologisch wiedergespiegelt: So fällt z.B. Nietzsches Aszendent nach unserer Vorkorrektur der Geburtszeit ziemlich genau auf den Mond von Cosima Wagner und auf den am Deszendenten stehenden Uranus Richard Wagners.

Um die *Geburt der Tragödie* astrologisch zu verstehen, liegt es nahe, Nietzsches Signifikatoren des Apollinischen (Mars) und Dionysischen (Jupiter) zu betrachten. Der Mars hatte Anfang 1869 in 23° ♎ gerade die Oppositionsachse ⊙☍♇ hinter sich gebracht und tritt nun, wie die Aspekttafel zeigt, nach dem <☽ auf 23° 44′ ♎ in einen aspektarmen Bereich ein. Er hat damit eine mit △♆ auf 21° 1′ beginnende aspektreiche Tierkreisstrecke zurückgelegt, deren Thema durch die Opposition von Sonne und Pluto bestimmt wird. Seine letzten beiden Leipziger Jahre, geprägt durch seine Militärzeit und eine wachsende Aggression gegen seine eigene Zunft, die Philologen, denen er ein *Maulwurfstreiben* nachsagt: *volle Backentaschen und blinde Augen* — passen recht gut auf die Aktivierung seines Mars. Gleichwohl ist es die Zeit, in der er sich seine wissenschaftlichen Sporen verdient, durch stilistisch großartige, gründlich recherchierte Arbeiten, die ihn zum Idol der Leipziger Fakultät machen. Es ist der apollinische Mars in der Jungfrau, der hier hervorgehoben ist und durch den er sich die Hochschätzung seines Lehrers Ritschl erwirbt.

Aber der Umschlag beginnt mit seiner Basler Zeit: Nun ist es der direkte Jupiter, der am Direktionshimmel herrscht: Er beginnt Mitte 1868, mit ♃⚹♆ diesen Bereich auf der gegenüberliegenden Seite des Tierkreises zu durchlaufen, wodurch eine bis 1871 dauernde Phase als dionysisch hervorgehoben wird. In seinem Leben beginnt diese Phase mit seinem persönlichen Kontakt zu Wagner und seinen Besuchen in Tribschen und ist, wie erwähnt, die Zeit der Abfassung der *Geburt der Tragödie.* Vor allem ♃☍☉ d. macht es plausibel, daß Nietzsche hier selbst in einer Art dionysischem Rausch der Wagnerverehrung seine eigene Wesensmitte zeitweilig aufgab.

Diese Übergänge des Jupiter werden im Jahre 1871 noch durch das converse MC gefördert, das 1871 über △♅ und ⚹☉ läuft. Das direkte MC übernimmt in den darauffolgenden Jahren 1873 bis 1875 diese Musik durch △♆, ☌☉ und ☍♅. In diesen Jahren brachte Nietzsche die vorher gebildeten Ideen durch seine vier *Unzeitgemäßen Betrachtungen* in die Öffentlichkeit. Die letzte Direktion dieses Reigens, MC☍♅d., können wir schon der Ablösung Nietzsches von dieser Phase zuordnen.

Die *Geburt der Tragödie* erhielt vernichtende Kritik in der Philologenwelt, da sie das Gebot wissenschaftlicher Nüchternheit verletzte. Um Musikalisches auszudrücken, hatte Nietzsche sich für einen Stil entschieden, den man selbst nur musikalisch nennen kann.[23] Er war "des trockenen Gelehrtentons nun satt", was ihm seine gelehrten Kollegen natürlich übelnahmen. So notierte RITSCHL, Nietzsches hochverehrter Leipziger Professor, in seinem Tagebuch: *Buch von Nietzsche Geburt der Tragödie (=geistreiche Schwiemelei).* Der Philologieprofessor HERMANN USENER äußerte vor seinen Bonner Studenten: *Jemand, der so etwas geschrieben hat, ist wissenschaftlich tot.* Diese heftigen Reaktionen von Menschen, die Nietzsche zwei Jahre vorher noch in den Himmel lobten, zeigen deutlich den Umschlag von der Mars- in die Jupiter-Phase.

Nach seiner Zeit als 'Einjähriger' fand im Jahre 1870 eine andere militärische Episode in Nietzsches Leben statt, die wie die erste mit einer körperlichen Schädigung endete: Nietzsche meldete sich freiwillig als Sanitäter zum deutsch-französischen Krieg und zog sich dort am 27.9.1870 eine Ruhr- und Rachendiphteritis zu. Nicht nur der militärische Kontext dieses Ereignisses, sondern auch der Charakter der Erkrankung als fiebrige Entzündungskrankheit zeigen den Zusammenhang mit der Direktion ☉☌♂ c.

Im Laufe der folgenden Jahre, vor allem von 1877 bis 1879, ging es Nietzsche zusehends schlechter. Er litt unter heftigen migräneartigen Kopf- und Augenschmerzen, die mit Übelkeit, Erbrechen und vereinzelt Bewußtlosigkeit einhergingen, so daß ihm das Arbeiten zeitweise unmöglich wurde. Im Jahre 1879, als der laufende Saturn über Jupiter und Uranus radix und die Oppositionen zu Merkur und Mars strich, erreichte sein Befinden einen ersten Tiefststand. Am Direktionshimmel lief der converse Saturn in dieser Zeit über die Quadrate zu Mars und Jupiter.

[23]Für den Philosophen, der die Musik so sehr in den Mittelpunkt stellt, ist übrigens auch die Stellung der Venus in neun ein gutes Bild.

Am 8.5.1879 wurde Nietzsche auf seinen Antrag pensioniert — unter MC☌☉ c. Die Basler Universität stattete ihn noch mit einem großzügigen Ruhegeld aus und übernahm selbst nach seinem Zusammenbruch noch seine Pflegekosten. Seine Krankheit steigerte sich aber im Winter 1882 ins beinahe Unerträgliche; er schrieb am 19.2.1883: *Dieser Winter war der schlechteste meines Lebens* — und am 24.3.1883: *Es ist nicht möglich, mehr zu leiden, als ich in diesem Winter gelitten habe.* Die Krankheit war so hart geworden, daß der Gedanke an Selbstmord in ihm aufstieg. Im September 1882 wurde ASC□♄ c. fällig .

Auf die Pensionierung folgte eine unstete Zeit, in der Nietzsche zwischen verschiedenen Orten im Oberengadin und in Norditalien hin- und herpendelte. Sein Gesundheitszustand verbesserte sich im Laufe der Achtziger Jahre dank des besseren Klimas, und er konnte wieder geordneter arbeiten als früher. Sein geistiges Arbeiten in dieser Phase wurde durch die Schau der "Ewigen Wiederkehr" eingeleitet (Anfang August 1881), was wir bereits mit dem Übergang des ASC d. über das Quadrat zum Jupiter in Verbindung brachten. Auch der Saturn leistete seinen Beitrag zu dieser Idee (MC□♄ d., November 1881) — und setzte Nietzsche (wie im folgenden Jahr durch ASC□♄c.) gesundheitlich zu, so daß er am 18.9.1881 an Overbeck schreiben mußte: *Sum in puncto desperationis. Dolor vincit vitam voluntatemque.*[24] Am Transithimmel war zu dieser wichtigen Zeit ♇t☌DSC fällig. So beschrieb Nietzsche seine prophetische Schau der Ewigen Wiederkehr: *Dieses Leben, wie du es jetzt lebst und gelebt hast, wirst du noch einmal und noch unzählige Male leben müssen, und es wird nichts Neues darin sein, sondern jeder Schmerz und jede Lust und jeder Gedanke und Seufzer und alles unsäglich Kleine und Große deines Lebens muß dir wiederkommen, und alles in derselben Reihe und Folge — und ebenso diese Spinne und dieses Mondlicht zwischen den Bäumen, und ebenso dieser Augenblick und ich selber. Die ewige Sanduhr des Daseins wird immer wieder umgedreht — und du mit ihr, Stäubchen vom Staube! Würdest du dich nicht niederwerfen und mit den Zähnen knirschen und den Dämon verfluchen, der so redete? Oder hast du einmal einen ungeheuren Augenblick erlebt, wo du ihm antworten würdest: du bist ein Gott, und nie hörte ich Göttlicheres!*

Wenn man nicht auf den Inhalt dieses Gedankens achtet (der nicht neu ist), sondern auf die *Art*, wie er vorgetragen wird, so fällt auf: Er ist gedacht in einer Gemütslage, in der Nietzsche keinen inneren Halt kennt und sich alles, was er denkt, sogleich im Extrem ausmalen muß. Neben diesem Jupiterton der Übertreibung gibt es weniger bedeutsame Beimischungen von Pluto (als Motiv der höheren Gewalt, des Verurteiltseins zu etwas

[24]Ich bin im Stadium der Verzweiflung. Der Schmerz besiegt Leben und Willen.

unsäglich Tragischem) und Saturn (das *Gefangensein* im Kreis der *Zeit*, das *Zähne*knirschen, sich als Stäubchen fühlen).

Diese Vision des 36jährigen am See von Silvaplana kann man als Geburtsstunde des Propheten Zarathustra betrachten. Nietzsche macht einen neuen Wandel durch — vom Zeitkritiker zum Propheten, der religiöse Ton kommt mit ASC□♃ wieder durch; als wenig später der Oppositionspartner Mars durch ASC□♂ d. erreicht wurde, kam es zur Niederschrift des ersten Zarathustra-Bandes. Wir erwähnten schon, daß Nietzsche in seinem bewußten Leben nicht mehr über diese Phase hinausgekommen ist: Die letzte Direktion dieses Reigens, ASC□☿ wurde ein Jahr nach dem Zusammenbruch fällig.

Bald nach dem Ereignis zu Silvaplana kam es zum Streit mit einem der wenigen treuen Freunde Nietzsches, mit Paul Rée. In diesem Zusammenhang steht auch die unselige Beziehung zu Lou Andreas Salomé: beide Freunde waren in Lou verliebt und warben um sie. Die Dreiecksbeziehung ist symbolisiert durch die an der Direktion beteiligten Faktoren ASC, DSC und Mars. Am 24.4.1882 begegnete Nietzsche Lou zum ersten Mal und begrüßte sie mit den feierlichen Worten: *Von welchen Sternen sind wir uns hier einander zugefallen?* (♀△ASC c., ♂⚹♀ d., ɷt♂DSC). Bereits im September desselben Jahres war dieses 'Abenteuer' allerdings beendet; das schnelle Ende dieser Beziehung ist auch einem Intrigenspiel der Schwester zu verdanken, die Lou zu unsympathisch und ihres Bruders unwürdig befand.

Der Bruch mit Paul Rée am 20.7.1883 war nicht aufzuhalten; auch mit der Schwester Elisabeth kam es wegen ihrer Intrigen zu einem heftigen Streit — all dies wahrscheinlich eine Folge der durch ASC□♂ d. aufgeheizten aggressiven Stimmung. Andererseits kann man den so aktivierten Mars mit Nietzsches ungeheuer gesteigertem Schaffensdrang in Verbindung bringen: Im Januar 1883 schrieb er den ersten Teil von *Also sprach Zarathustra* in der unglaublichen Zeit von nur zehn Tagen nieder; wenig später war das Buch bereits beim Verleger.

Interessant an dieser Direktion ist noch, daß die analoge converse Direktion ♂□ASC c. im April 1874, also zur Zeit des ersten Streits mit Wagner fällig wurde und daß zwischen Richard und Cosima Wagner und Nietzsche ebenfalls eine Art Dreierbeziehung bestand (dies wird ausführlich in Henry Branns Buch *Nietzsche und die Frauen* erörtert). In die bis dahin bedingungslose Verehrung Wagners durch Nietzsche geriet in diesem Jahre durch Nietzsche eine eigenwillige, aggressive Komponente. Am Anfang des Jahres hatte er eine Einladung Wagners in seinen neuen Wohnsitz in Bayreuth ausgeschlagen. Am 4.6.1874 erregte er einen heftigen Streit mit Wagner, dem er, um ihn zu provozieren, einen Klavierauszug des *Triumphliedes* von

Brahms mitgebracht hatte, eines Komponisten, der Wagner zuwider war. Nietzsche war durch den ausbrechenden Streit nachhaltiger gekränkt als Wagner, obwohl er noch im folgenden Jahr mit einer *Unzeitgemäßen Betrachtung* für die Musik Wagners warb. Erst im Jahre 1878, nach dem Erscheinen des *Parsifal*, war der Bruch unwiderruflich.

Einige Jahre nach der Begegnung mit Lou Andreas Salomé, im September 1886, machte Nietzsche die Bekanntschaft der Schweizerin META VON SALIS. Der in Sils-Maria vereinsamende Denker genoß den Austausch und das angeregte Gespräch mit dieser gebildeten Frau und machte ihr sogar, wie man heute weiß, einen (schriftlichen!) Heiratsantrag. Mit dieser kurzen Aufhellung in seinem Leben wird ihn MC⚹♀ d. und/oder MC△☊ c. beschenkt haben.

Als der direkte Aszendent die Partner der folgenden Opposition, die Achse Merkur-Uranus zunächst durch ASC□♅ d., dann durch ASC□☿ verletzte, endete diese Phase im Leben Nietzsches in der bekannten tragischen Weise durch seinen geistigen Zusammenbruch am 3.1.1889 in Turin. Die nervöse Überreizung (Merkur,Uranus) Nietzsches hatte bereits vorher beängstigende Ausmaße angenommen; nach einem Konzertbesuch schrieb er: *mein Gesicht machte fortwährend Grimassen, um über ein extremes Vergnügen hinwegzukommen, eingerechnet, für zehn Minuten die Grimasse der Tränen.* (2.12.88); seinem Freund Köselitz schrieb er, *daß ich mitunter eine halbe Stunde auf offener Straße grinse.* (26.11.88). Sein Schreibstil wurde zunehmend unverständlicher, die Gedankenführung sprunghafter, während sein Selbstbewußtsein nun zum Größenwahn (Jupiter) entartete. Hier spielte auch der Übergang des direkten Saturn über die Oppositionsachse ♂☍♃ mit, die den Zeitraum von Oktober 1887 (♄☌♃ d.) bis zum Februar 1889 (♄☍♂d.) betrifft. Vor allem die letztere Direktion ♄☍♂ der beiden "Übeltäter" wird von der Tradition als sehr gefährlich eingeschätzt.

Mit einem unheimlichen Gefühl liest man seine letzten Briefe: *Die nächsten Jahre steht die Welt auf dem Kopf. Nachdem der alte Gott abgedankt ist, werde ich von nun an die Welt regieren* (18.12.). Am 27.12., wobei er sich anscheinend für einen hochrangigen Politiker hielt: *Ich selber arbeite eben an einem Pro memoria für die europäischen Höfe zum Zwecke einer antideutschen Liga. Ich habe nicht eher die Hände frei, bevor ich nicht den jungen Kaiser, samt Zubehör, in den Händen habe.* Hier spricht nicht mehr Nietzsche, sondern jene schon eingangs erwähnte *unheimliche Stimme*, vor der er sich schon in seiner bewußte Zeit fürchtete.

Die äußeren Umstände des Zusammenbruchs — ein Mitleidsausbruch angesichts eines geschundenen Pferdes — tragen die Züge Neptuns, der tatsächlich am Transithimmel stark mitspielt: Wenn unsere Vorkorrektur stimmt, ist er etwa ein halbes Jahr vor dem Zusammenbruch an den Deszendenten getreten, Symbol zugleich für die Auflösung des Ich (♆t☍ASC) wie auch für das Mitleid mit dem anderen (♆t☌DSC). Der Radixneptun Nietzsches, harmonisierender Punkt von ☉☍☊, war zudem durch den laufenden Saturn verletzt: ♄t□♆, während der laufende Uranus durch ♅t☌☉☍☊ auf tiefgreifende Veränderungen drängte. Die Feinauslösung muß nicht nur mit dem Übergang des laufenden Mondes über ♄r., sondern auch mit der laufenden Konjunktion ♂☌♀ zusammenhängen, die wenige Stunden (!) vor dem Zusammenbruch exakt wurde und seltsamerweise gleichzeitig als Sekundärdirektion auftrat. ♂t. und ♀t. hatten drei Tage vorher den ♆r. überschritten.

Wir erwähnten die auf den geistigen Zusammenbruch bezogene Direktion ♄☍♂ d. Interessant ist, daß Nietzsches *physischer Tod* am 25.8.1900 in den Wirkungsraum der analogen conversen Direktion ♂☍♄ c. (Okt. 1901) fällt.

Vierter Schritt: Ereignistabelle

Nachdem sich die vorkorrigierte Geburtszeit im Großen wie im Detail als passend erwiesen hat, werden diejenigen Direktionen, für die man einen zuverlässigen Zusammenhang gefunden hat, in einer Tabelle zusammengefaßt. Da es nur um die Korrektur der Geburtszeit geht, genügt es eigentlich, nur Direktionen mit einer Häuserspitze als Signifikator oder Promissor aufzulisten. Aus Gründen der Illustration haben wir jedoch in der folgenden Aufstellung auch die durch interplanetare Direktionen angezeigten Ereignisse berücksichtigt.

Datum	DB	Ereignis	Direktion	$RAMC_r$
10.7.1846	1° 44′	Geburt der Schwester	☉△♆ c.	
30.7.1849	4° 47′	Tod des Vaters	MC☍♃ d.	171° 34′
2.1850	5° 20′	Tod des Bruders	MC☌♂ d.	
4.1850	5° 30′	Umzug nach Naumburg	MC☌♂ d.	172° 50′
6.1856	11° 30′	Starke Kopfschmerzen	MC☍⛢ d.	171° 45′
4.1857	12° 30′	Schulerfolg	MC☌☿ d.	171° 17′
25.7.1860	15° 47′	Gründung der *Germania*	ASC☌☽ d.	171° 21′
10.3.1861	16° 24′	Konfirmation	MC⚹☽ d.	171° 48′
2.1865	20° 20′	Bordell-Erlebnis	☽□♃ d. ♂☌♀ c.	
3.1868	23° 24′	Brustbeinbruch	☽□♂ d.	
10.1868	24° 00′	Anstellung Basel	☉△♄ d. ☽⚹MC c.	 171° 26′
9.4.1870	25° 29′	Ernennung o. Professor	☽☌*II* d. MC⚹☉ c.	171° 03′ 169° 58′
7.9.1870	25° 54′	Ruhr- und Rachendipht.	☉☌♂ c.	
8.6.1874	29° 39′	Erster Streit mit Wagner	MC☍☊ d. ♂□ASC c.	171° 35′ 171° 44′
8.1881	36° 49′	Ewige Wiederkehr	ASC□♃ d.	171° 28′
24.4.1882	37° 31′	Lou Andreas Salomé	♀△ASC c.	172° 41′
20.7.1883	38° 46′	Bruch mit Paul Rée	ASC□♂ d.	171° 40′
3.1.1889	44° 13′	Zusammenbruch	ASC□⛢ d. ♄☍♂ d.	172° 18′
3.8.1900	55° 48′	Tod	♂☍♄ c.	

Hier bezeichnet 'DB' den mit dem Gradschlüssel berechneten Direktionsbogen, den eine das Ereigns anzeigende Direktion haben müßte. In der Spalte $RAMC_r$ ist diejenige Geburts-RAMC angegeben, für die die aufgeführte Direktion exakt mit dem Ereignis zusammenfiele.

Man sieht, daß die angegebenen Achsendirektionen — und nur diese sind, wie erwähnt, zur Geburtszeitkorrektur geeignet — in zwei Gruppen zerfallen: Solche, die auf eine bestimmte Geburtssternzeit mit einer Genauigkeit von höchstens ein paar Bogenminuten hinweisen — und wenige andere, die eine Differenz von einem Grad und mehr ergeben. Diese sind möglicherweise "Ausreißer", d.h. sie wurden dem Lebensereignis fälschlich zugeordnet und fallen in Wahrheit mit einem anderen, vielleicht weniger bekannten Ereignis zusammen.

Der Mittelwert all dieser Sternzeiten ergibt eine *RAMC* von $171° 34'$ und bestätigt damit auf die Bogenminute genau unsere Vorkorrektur. Das ist natürlich nicht die Regel. Im allgemeinen wird man Abweichungen von bis zu einem Grad bei der Mittelwertbildung erhalten. Man sollte dann den Mittelwert als gute Approximation der astrologischen Geburtszeit ansehen und allen weiteren Arbeiten zugrundelegen.

Wir merken noch an, daß durch unsere Korrektur der Deszendent in eine genaue Konjunktion mit den *Plejaden* gerät — diesen, wie allen nebligen Sternen oder Sternhaufen, schreibt die Tradition eine Beziehung zu Augenleiden, schlechtem Gesichtssinn zu, wenn ein Licht oder eine Ecke mit ihnen verbunden ist. Das ist auf unseren stark kurzsichtigen Philosophen sehr passend.

3.6 Eine Direktionsanalyse

In diesem Abschnitt illustrieren wir die verschiedenen Direktionsverfahren und Schlüssel anhand einer einzigen Beispieldirektion, der Direktion ♂☍♄, aus dem korrigierten Horoskop Nietzsches. Die Absicht dieser Aufstellung ist, dem Leser ein Gefühl dafür zu geben, welche Direktionsverfahren in ihren Vorhersagen nahe beieinander liegen und welche Verfahren stark voneinander abweichen.

		Länge	Breite
Signifikator	♂	27° 55′ ♍	1° 06′ N
	♄	0° 46′ ♒	0° 37′ S
Promissor	☍♄	0° 46′ ♌	0° 37′ N

System	Sb	Pb	DB	Δ	Ptolemäus	Naibod	WZ	dm	SL
Kühr	×	×	57° 15′	−0° 15′	1/1902	11/1902	8/1907	3/1906	6/1902
Kühr	×		57° 19′	−0° 15′	2/1902	12/1902	9/1907	4/1906	7/1902
Kühr			56° 53′	−0° 16′	9/1901	7/1902	3/1907	10/1905	1/1902
Plac.	×	×	57° 19′	−0° 16′	2/1902	12/1902	9/1907	4/1906	7/1902
Plac.	×		57° 24′	−0° 16′	3/1902	1/1903	10/1907	5/1906	7/1902
Plac.			56° 57′	−0° 17′	10/1901	8/1902	4/1907	11/1905	2/1902
Reg.	×	×	58° 15′	−0° 24′	1/1903	11/1903	9/1908	4/1907	6/1903
Reg.	×		58° 18′	−0° 20′	2/1903	12/1903	9/1908	4/1907	6/1903
Reg.			57° 53′	−0° 25′	9/1902	7/1903	4/1908	11/1906	1/1903
OA	×	×	81° 02′	0° 00′	11/1925	1/1927	2/1932	9/1931	5/1926
OA	×		80° 13′	0° 00′	1/1925	3/1926	4/1931	11/1930	7/1925
OA			81° 02′	0° 00′	11/1925	1/1927	2/1932	9/1931	5/1926
RA	×	×	55° 24′	0° 00′	3/1900	12/1900	8/1905	3/1904	7/1900
RA	×		55° 32′	0° 00′	5/1900	2/1901	10/1905	5/1904	9/1900
RA			55° 06′	0° 00′	11/1899	9/1900	5/1905	11/1903	4/1900
Gold.	×	×	40° 09′	−0° 14′	12/1884	7/1885	2/1889	11/1887	3/1885
Gold.	×		40° 36′	−0° 14′	5/1885	12/1885	8/1889	5/1888	9/1885
Gold.			40° 19′	−0° 15′	2/1885	9/1885	4/1889	1/1888	5/1885

Die erste Spalte gibt die Direktionsmethode an, Die Spalten 'Sb' und 'Pb' zeigen an, ob Signifikator- und/oder Promissorbreite berücksichtigt wurden. DB gibt den entsprechenden Direktionsbogen, Δ die Änderung des Direktionsbogens, wenn die Geburtssternzeit um 1 Grad größer angenommen wird (also 172° 34′). Es folgen dann die Berechnungen der Auslösungszeiten mit den verschiedenen, früher vorgestellten Schlüsseln.

Die Breiten von Mars und Saturn liegen im üblichen Bereich von etwa einem Grad. Man sieht, daß bei Breiten dieser Größenordnung der Direktionsbogen durch Berücksichtigung oder Nichtberücksichtigung der Breite höchstens um 20′ oder vier Monate Ereigniszeit verändert wird. Das gilt für jedes der verwendeten Direktionsverfahren und zeigt, daß die Frage nach den Planetenbreiten an die Grenzen der astrologischen Präzision kommt (siehe den Abschnitt 1.1 'Genauigkeit und Grenzen').

Daß Kühr und Placidus nahe beeinanderliegende Direktionsbögen — hier sind es etwa 5 Bogenminuten — liefern, liegt, wie schon erwähnt, in der Natur des Kührsystems als einer Modifikation der Halbbogenmethode. Aber auch das Regiomontanussystem liegt nicht zu weit weg von Placidus.

Während die Direktionen nach RA wegen der Nähe des Signifikators Mars zum MC ähnliche Ergebnisse liefern wie die schon aufgeführten Methoden Kühr, Placidus und Regiomontanus, fallen die Verfahren von Koch (OA) und Goldmayer mit Abweichungen von rund 20 Grad aus dem Rahmen, ohne dabei untereinander Gemeinsamkeiten zu haben.

In der Natur der Sache liegt es, daß die (interplanetaren) Direktionen nach RA und OA von der Sternzeit unabhängig sind ($\Delta = 0$). Die Änderungen des Direktionsbogens bei Placidus und Kühr bei Veränderung der Sternzeit sind in diesem Beispiel nicht so groß wie die bei Regiomontanus. Die Größenordnung von einem viertel bis halben Grad pro Sternzeitgrad sind typisch für die Änderungen interplanetarer Direktionsbögen.

Bei den verschiedenen Direktionsschlüsseln zeigt sich ein 'Verziehen' der Ereigniszeiten: Ptolemäus, Naibod und Sonnenlänge bilden hier eine Gruppe nahe beieinanderliegender Werte — die Ereigniszeiten unterscheiden sich nur um rund ein Jahr. Andererseits liegen Wahre Zeit und diei motu hier nahe beieinander, unterscheiden sich aber von der ersten Gruppe um fünf Jahre.

Ein universell gültiges, exaktes Direktionssystem, müßte, wenn es so etwas gibt, auch bei der Direktion, die mit aller Wahrscheinlichkeit auf *Nietzsches physischen Tod* am 25.8.1900 zu beziehen ist, die richtige Ereigniszeit liefern. Ein Blick auf die Tabelle zeigt, daß in diesem Beispiel

- *die RA-Direkionen ohne Breiten mit Naibodschlüssel (12.9.1900)*

oder

- *die RA-Direktionen mit Signifikatorbreite und dem symbolischen Sonnenlängenschlüssel (13.9.1900)*

oder

- *die Methoden Kühr (6.9.1901) und Placidus (2.10.1901), mit dem Ptolemäusschlüssel und ohne Berücksichtigung irgendwelcher Breiten*

die beste zeitliche Annäherung an das Ereignis liefern. Aber keine der erreichten Ereigniszeiten ist auch nur auf die Woche (= Bogenminute) genau.

Wir werden sehen, daß die von der RA-Methode erreichte Genauigkeit von drei Wochen nur ein Zufallstreffer ist. Immerhin hat die simple Methode, Rektaszensionen von Ekliptikpunkten abzuziehen, also das Dirigieren nach RA, möglicherweise etwas für sich — jedenfalls wenn, wie hier, der Signifikator nahe dem MC steht.

Bezeichnend ist auch, daß durchweg Methoden besser abschneiden, *die keine Breiten berücksichtigen.* Das scheint die häufig gemachte Beobachtung zu bestätigen, daß nicht die physikalischen Himmelskörper die astrologisch wirksamen Punkte sind, sondern *ihre Projektionspunkte auf die Ekliptik* — mit anderen Worten die eindimensionale (Ekliptikkreis), nicht zweidimensionale (Himmelssphäre) Orientierung der Astrologie.

Der Direktionsbogen nach Placidus und Kühr liegt am oberen Rand des Orbis von rund einem Grad, den man den Direktionen einräumen muß. Mit Regiomontanus gerechnet, entfernt man sich aber schon mehr als zwei Jahre vom Ereignis.

Ein Anhänger des Regiomontanussystems könnte dagegenhalten, daß die Lage für sein Verfahren bei einer Vorverlegung der Geburtszeit um weitere zwanzig Minuten besser aussähe. Tatsächlich sind etliche Nietzschehoroskope mit dem entsprechenden Aszendenten von 1° ♐ in Umlauf. Aber abgesehen davon, daß die Vorverlegung der Geburtszeit um insgesamt vierzig Minuten über die amtliche Zeit hinaus wenig wahrscheinlich ist,[25] stünde auch dann die Placidusmethode besser da: sie würde dann fast genau das Ereignis treffen, während die Regiomontanusdirektion immer noch um ein Jahr differiert. Bei dieser Geburtszeit ist es aber nicht möglich, die markanten Achsendirektionen — die ja bei Kühr, Placidus und Regiomontanus die gleichen Bögen liefern — mit Nietzsches Leben in Einklang zu bringen.

Dieses Beispiel zeigt, daß die durch eine Direktion gegebenen Ereigniszeiten auf keinen Fall als präzisen Werte betrachtet werden dürfen: Auch wenn man sie auf den Tag genau berechnen kann, so sind sie doch nur Annäherungen eines Ereigniszeitpunktes, der noch um bis zu ein Jahr modifiziert werden kann. Zum Beispiel durch Transite: Im August 1900, dem Todesmonat Nietzsches, ereignete sich der Aspekt ♂☍♄ unter den laufenden Planeten (was nur etwa alle zwei Jahre passiert) — und diese laufende Oppositionsachse stand im Quadrat zu der in Nietzsches Horoskop schicksalhaften ♂☍♃-Achse.

Wir erinnern uns, daß die zugehörige symmetrische Direktion ♄☍♂ d., bei der die Rollen von Signifikator und Promissor vertauscht sind, mit dem *Tu-*

[25] Anders stünden die Dinge, wie schon erwähnt, bei einer *Rückverlegung*: Die Umstände und Aufregungen einer Geburt bringen es ja mit sich, daß man oft erst hinterher die Uhrzeit notiert.

riner Zusammenbruch Nietzsches am 3.1.1889 in Zusammenhang gebracht werden kann. Welche Ereigniszeiten liefern die verschiedenen Verfahren für diese Direktion?

Direktionsanalyse
Friedrich Nietzsche
(RAMC : 171° 34′)

		Länge	Breite
Signifikator	♄	0° 46′ ♒	0° 37′ S
	♂	27° 55′ ♍	1° 06′ N
Promissor	☍♂	27° 55′ ♓	1° 06′ S

System	Sb	Pb	DB	Δ	Ptolemäus	Naibod	WZ	dm	SL
Kühr	×	×	44° 53′	–0° 13′	9/1889	5/1890	8/1889	12/1892	12/1889
Kühr	×		43° 55′	–0° 13′	9/1888	5/1889	9/1888	11/1891	12/1888
Kühr			44° 20′	–0° 13′	2/1889	10/1889	2/1889	5/1892	6/1889
Plac.	×	×	44° 52′	–0° 13′	8/1889	4/1890	8/1889	11/1892	12/1889
Plac.	×		43° 54′	–0° 13′	9/1888	5/1889	9/1888	11/1891	12/1888
Plac.			44° 19′	–0° 13′	2/1889	10/1889	2/1889	5/1892	5/1889
Reg.	×	×	41° 41′	–0° 15′	6/1886	2/1887	8/1886	7/1889	10/1886
Reg	×		40° 33′	–0° 16′	5/1885	12/1885	7/1885	4/1888	8/1885
Reg.			41° 00′	–0° 16′	10/1885	5/1886	1/1886	10/1888	1/1886
OA	×	×	29° 45′	0° 00′	7/1874	12/1874	4/1875	9/1876	9/1874
OA	×		28° 03′	0° 00′	11/1872	4/1873	8/1873	11/1874	1/1873
OA			29° 09′	0° 00′	12/1873	5/1874	9/1874	1/1876	2/1874
RA	×	×	55° 24′	0° 00′	3/1900	12/1900	4/1899	3/1904	7/1900
RA	×		54° 57′	0° 00′	10/1899	7/1900	11/1898	9/1903	2/1900
RA			55° 06′	0° 00′	11/1899	9/1900	1/1899	11/1903	4/1900
Gold.	×	×	40° 09′	–0° 14′	12/1884	7/1885	3/1885	11/1887	3/1885
Gold.	×		39° 52′	–0° 16′	8/1884	3/1885	12/1884	7/1887	12/1884
Gold.			40° 19′	–0° 15′	2/1885	9/1885	5/1885	1/1888	5/1885

Die Verfahren nach Goldmayer und nach RA liefern wieder ungefähr die gleichen Direktionsbögen wie für die zuerst untersuchte Direktion. Unterschiede entstehen hier nur, wenn man die Symmetrie zwischen Signifikator und Promissor dadurch bricht, daß man die Signifikatorbreite berücksichtigt, die Promissorbreite aber nicht. In diesen Systemen wäre es unsinnig, direkte und converse Direktionen zu unterscheiden. ♂☍♄ und ♄☍♂ ist dieselbe Direktion und bezieht sich daher auf ein und dasselbe Ereignis, in diesem Fall wohl auf Nietzsches physischen Tod.

Anders ist die Lage bei Placidus, Kühr und Regiomontanus: Hier unterscheiden sich die Bögen der beiden Direktionen um rund zwölf Grad. Welches System gibt die beste Übereinstimmung mit dem 3.1.1889?

Während die Regiomontanusverfahren bis zu drei Jahre am Ereignis vorbeischießen, *bestätigen sich die Verfahren Kühr/Placidus mit Ptolemäus- oder*

Wahre Zeit-Schlüssel und ohne Berücksichtigung der Breite. Der Wahre Zeit-Schlüssel liefert in diesem Fall zufällig fast die gleiche Ereigniszeit wie der Ptolemäusschlüssel. Daneben gibt es gute Annäherung bei Kühr und Placidus ohne Promissorbreiten und mit dem symbolischen Schlüssel nach Sonnenlänge, die hier aber wohl als Zufallstreffer zu bewerten sind.

Die Ereigniszeiten sind nun genauer als bei der conversen Direktion: Die beste Approximation erreicht das Placidusverfahren, das das Ereignisdatum als den 12.2.1889 angibt, also eine Differenz von sechs Wochen. Das Kührsystem liefert hier den schlechteren Wert (17.2.1889). In Direktionsbogen umgewandelt, betragen diese sechs Wochen ungefähr 0.1°. Dies ist nach Ansicht des Verfassers sowieso die Grenze der astrologisch erreichbaren Genauigkeit (siehe Abschnitt 1.1), so daß auch der Streit zwischen Placidus und Kühr nur ein Streit um des Kaisers Bart ist: *Gerade weil* Kühr nur um wenige Bogenminuten von Placidus abweicht, bleiben die Unterschiede in den Direktionsbögen meist unterhalb der astrologischen Genauigkeitsgrenzen.

Den Transithimmel zur Zeit des Zusammenbruchs habe ich schon im vorangehenden Abschnitt genauer diskutiert, so daß hier nichts weiter hinzuzufügen ist.

Als Ergebnis unserer Untersuchung halten wir fest:

> *Das Placidus/Kühr-Verfahren,*
> *ohne Berücksichtigung ekliptikaler Breiten*
> *mit dem Ptolemäus-Schlüssel*
> *bringt als einziges in beiden betrachteten Fällen Übereinstimmung*
> *(im Rahmen des Orbis).*

Über die Bedeutung eines solchen, aus einem einzigen Fall gewonnenen Ergebnisses läßt sich natürlich streiten. Bemerkenswert ist jedoch, daß es das traditionelle, bis ins 16. Jahrhundert allgemein übliche Direktionsverfahren bestätigt, nämlich die *Halbbogenmethode ohne Breite.*

3.7 Rechenbeispiele

Die verschiedenen Direktionsverfahren, die im vorangehenden Kapitel bloß theoretisch dargestellt worden sind, sollen nun durch einige Rechenbeispiele illustiert werden, wobei wir das unkorrigierte Horoskop Nietzsches, wie es auf S. 31 dargestellt wurde, zugrundelegen. Auch wer meint, bereits das richtige Direktionsverfahren zu besitzen, sollte die Rechentechnik der gängigen Verfahren kennen. Die einzelnen Rechnungen erfolgen mit Hilfe der im Kapitel 4 folgenden Formelsammlung, wobei in Klammern auf die Nummer der verwendeten Formel verwiesen wird.

Achtung: Da wir in den Beispielen aus didaktischen Gründen alle Zwischenrechnungen ausführen und immer wieder auf die Bogenminute runden, ergeben sich Fehler zu den wahren Direktionsbögen im Bereich von 1'. Es kommt uns in diesem Abschnitt aber vor allem auf die Darlegung des Rechengangs, nicht auf die Präzision der Ergebnisse an.

Problem 1: Was ist die mundane Position Plutos nach Placidus mit Breite?

Lösung: Angenommen, man hätte nur eine Ephemeride mit Länge (λ) und Breite (β) Plutos zur Verfügung, so sind zuerst die Rektaszension (α) und Deklination (δ) Plutos mit Breite zu bestimmen. Dies geschieht unter Verwendung der Formeln (5) und (6) des Kapitels 4. Dabei erhalten wir (gerundet):

$$\alpha = 27^\circ 40', \qquad \delta = 7^\circ 17' S,$$

wie im Speculum bereits berechnet ist. Es folgt nun die Berechnung der MD und der AD mit Formel (10):

$$MD = \alpha - t = 27^\circ 40' - 166^\circ 29' = 221^\circ 11'$$
$$AD = \arcsin(\tan(-7^\circ 17')\tan(51^\circ 15')) = -9^\circ 13'$$

Es ist aus der Horoskopfigur zu entnehmen, daß die Ekliptikprojektion Plutos unter dem Horizont steht. Um bezüglich des wirklichen Plutos sicherzugehen, verwenden wir das in der Formelsammlung (21) angegebene Verfahren: Wir berechnen die Größe $x = \sin AD + \cos MD$ zu $x = -0.912$. x ist genau dann negativ, wenn der Himmelspunkt unter dem Horizont steht. Das ist hier der Fall. Jetzt bestimmen wir gemäß (19) und (17) den halben Nachtbogen und die MD_N. Letztere ist einfach der auf das Intervall zwischen -180° und $+180^\circ$ reduzierte Wert der Größe $MD + 180^\circ$, hier also $+41^\circ 11'$. Der halbe Nachtbogen ist

$$HB_N = 90^\circ - AD = 99^\circ 13'.$$

Schließlich folgt μ nach Formel (20) zu

$$\mu = 90° \cdot \left(\frac{41° 11'}{99° 13'} + 1 \right) = 127° 21' = \mathbf{7° 21' V}$$

Die mundane Position Plutos weicht aufgrund von Rundungsfehlern um zwei Bogenminuten von dem im Speculum angegebenen Wert ab.

Problem 2: Was ist die mundane Position von Pluto nach Placidus ohne Breite?

Lösung: Wir verfahren wie in Problem 1, jedoch nicht mit den im Speculum angegebenen Werten für Rektaszension und Deklination, die ja mit Breite berechnet sind. Stattdessen müssen wir die Formeln (1) und (3) für Rektaszension und Deklination eines *Ekliptikpunktes* anwenden. Wir erhalten

$$\alpha = 21° 14', \qquad \delta = 8° 56' N.$$

Als nächstes berechnen wir wie in Problem 1 die MD und AD:

$$\begin{aligned} MD &= 21° 14' - 166° 29' = 214° 45', \\ AD &= \arcsin(\tan(8° 56') \cdot \tan(51° 15')) = 11° 18'. \end{aligned}$$

Da wir diesmal ohne Breite rechnen, ist es wegen der Position Plutos unterhalb der Aszendent-Deszendentachse klar, daß er sich in der unsichtbaren Himmelshälfte befindet. Es ergibt sich μ zu

$$\mu = 90° \cdot \left(\frac{34° 45'}{78° 42'} + 1 \right) = 129° 44' = \mathbf{9° 44' V}.$$

Dies ist genau der im Speculum angegebene Wert.

Problem 3: Was ist die mundane Position von Pluto nach Regiomontanus mit Breite?

Lösung: Wir bestimmen wieder die MD des Pluto zu $221° 11'$ (17), dann wird direkt μ mit Formel (33) berechnet:

$$\tan \mu = -\frac{\tan(51° 15')\tan(-7° 17') + \cos(221° 11')}{\sin(221° 11')} = -1.3848$$

Wir wissen bereits, daß der 'wahre' Pluto unter dem Horiziont steht (Problem 1). Also ist nach 4.5, Bemerkung 3.) der Wert des Arcustangens für μ im Bereich zwischen 0 und 180 Grad zu wählen. Das ergibt

$$\mu = \mathbf{125° 50'} = \mathbf{5° 50' \ V},$$

also etwa 2 Grad Abweichung zur mundanen Position nach Placidus.

Problem 4: Bestimme den Direktionsbogen $\odot_{\sigma}☽$ zod. dir.! Der Mond sei dabei mit Breite zu rechnen.
Lösung: Die mundane Position der Sonne ist $\mu = 308° 36'$ (im Speculum abgelesen, oder mit (20) berechnet). Der Hilfsfaktor a beträgt daher nach (23)

$$a = \frac{\mu - 270°}{90°} = 0.4288.$$

Die Rektaszension α' zur mundanen Position μ und der Deklination $\delta = -21° 29'$ des Mondes ergibt nach Formel (27)

$$\begin{aligned} \alpha' &= 308° 36' + 166° 29' + 0.4288 \cdot \arcsin(\tan(-21° 29') \tan(51° 15')) - 270° \\ &= 192° 29'. \end{aligned}$$

Durch Subtraktion von der Rektaszension des Mondes erhalten wir den Direktionsbogen

$$DB = 247° 3' - 192° 29' = \mathbf{54° 34'}.$$

Problem 5: Bestimme den gleichen Bogen nach Regiomontanus!
Lösung: Wir bestimmen die mundane Position der Sonne mit der Formel (33) (vgl. Problem 3). Das Ergebnis ist $\mu = 311° 4'$. Dann berechnen wir die Rektaszension α' zur gegebenen Deklination des Mondes und mundanen Position der Sonne mit Formel (39): Der Wert

$$\cos(\alpha' - t - \mu) = -\tan(-21° 29') \tan(51° 15') \cos(311° 4') = 0.32215$$

ist im Bereich von 0 bis 180 Grad aufzulösen. Das ergibt

$$\alpha' = 166° 29' + 311° 4' + 71° 12' = 188° 45'.$$

Der Direktionsbogen ist die Differenz zur Rektaszension des Mondes, also

$$\begin{aligned} DB &= \alpha - \alpha' \\ &= 247° 3' - 188° 45' \\ &= \mathbf{58° 18'}. \end{aligned}$$

Problem 6: Bestimme den gleichen Bogen nach Kühr!
Lösung: Die mundane Position der Sonne ist bei Kühr diejenige nach Placidus, also $\mu = 308° 36'$. Wir müssen aber auch die Polhöhe ihres Positionskreises mit der Formel (28) berechnen. Es ist in (28) *stets die Deklination des Signifikators einzusetzen*, die hier 8° 36′ S beträgt. Die MD der Sonne ist (16)

$$MD = 200° 25' - 166° 29' = 33° 56'.$$

Wir erhalten

$$\pi = -\arctan(\cos(33^\circ 56' - 308^\circ 36')\cot(-8^\circ 36')) = 28^\circ 16'.$$

Nun ist mit der Formel (29) und der Deklination des Mondes die Rektaszension α' zu gegebenem μ und π auszurechnen. Wir erhalten

$$\cos(\alpha' - t - \mu) = -\tan(-21^\circ 29')\tan(28^\circ 16') = 0.21162.$$

Der Arcuscosinus ist im Bereich von 0 bis 180 Grad zu nehmen. Es folgt

$$\alpha' = 166^\circ 29' + 308^\circ 36' + 77^\circ 47' = 192^\circ 52',$$

und nach Subtraktion von der Rektaszension des Mondes ergibt sich der Direktionsbogen zu

$$DB = \alpha - \alpha' = 247^\circ 3' - 192^\circ 52' = \mathbf{54^\circ 11'},$$

also 23 Bogenminuten Unterschied zur Placidusdirektion. Diese kleinen Abweichungen zum Placidussystem sind typisch für die Methode Kühr, die sich ja als eine Verbesserung des Placidussystems versteht.

Problem 7: Bestimme den Direktionsbogen ☉σ♂/♄ zod. dir.!
Lösung: Der Halbdistanzpunkt ♂/♄ ist der Ekliptikpunkt 29° 20′ ♏. Die Rektaszension und Deklination ergeben sich daher mit den Formeln (1) und (3):

$$\begin{aligned} \alpha &= \arctan(\tan(239^\circ 20')\cos(23^\circ 28')) = \arctan(1.54695) = 237^\circ 7', \\ \delta &= \arcsin(\sin(239^\circ 20')\sin(23^\circ 28')) = 20^\circ 2' S. \end{aligned}$$

Für den Arcustangens bei der Rektaszensionsberechnung mußte nach der Tabelle ein Wert zwischen 90° und 270° gewählt werden, da auch die Länge in diesem Bereich liegt. Die mundane Position 308° 36′ ergibt wie in Problem 4 den Hilfsfaktor $a = 0.4288$. Die Rektaszension α' zur mundanen Position der Sonne bei diesem δ ergibt nach Formel (27) den Wert

$$\begin{aligned} \alpha' &= 308^\circ 36' + 166^\circ 29' + 0.4288 \cdot \arcsin(\tan(-20^\circ 2')\tan(51^\circ 15')) + 90^\circ \\ &= 205^\circ 5' - 0.4288 \cdot 27^\circ 1' \\ &= 193^\circ 30'. \end{aligned}$$

Durch Subtraktion von der Rektaszension ♂/♄ ergibt sich der Direktionsbogen

$$DB = \alpha - \alpha' = \mathbf{43^\circ 37'}.$$

Problem 8: Bestimme denselben DB zum geometrischen Halbdistanzpunkt ♂/♄!

Lösung: Wir verwenden die Formeln aus Abschnitt 5.2. In der Reihenfolge des Tierkreises kommt Mars vor Saturn, ist also Punkt 1. Der Abstand von Mars zu Saturn beträgt in Länge 122° 52′. Wir setzen nun die Längen und Breiten von Mars und Saturn in die Formeln (75) ff. ein:

$$\begin{aligned}\cos d &= \sin(1^\circ 6')\sin(-0^\circ 37') + \cos(1^\circ 6')\cos(-0^\circ 37')\cos(122^\circ 52') \\ &= -0.54276; \\ \cot A &= \frac{\tan(-0^\circ 37')\cos(1^\circ 6')}{\sin(122^\circ 52')} - \cot(122^\circ 52')\sin(1^\circ 6') \\ &= -0.00041.\end{aligned}$$

Durch Auflösen der Winkelfunktionen erhalten wir, daß der Abstand von Mars und Saturn auf dem verbindenden Großkreis 122° 52′ beträgt, also in diesem Fall auf die Bogenminute mit dem auf der Ekliptik gemessenen Abstand übereinstimmt, während der Winkel A (stets zwischen 0° und 180° gelegen!) von Mars zwischen Ekliptikpol und Saturn den Wert 90° 1′ annimmt. Mit diesen Werten kann man nun in die Formeln (77) eingehen und erhält

$$\begin{aligned}\sin\beta &= \cos\left(\frac{122^\circ 52'}{2}\right)\sin(1^\circ 6') + \sin\left(\frac{122^\circ 52'}{2}\right)\cos(1^\circ 6')\cos(90^\circ 1') \\ &= 0.00823,\end{aligned}$$

$$\begin{aligned}\cot(\lambda - 177^\circ 54') &= \frac{\cos(1^\circ 6')\cot\left(\frac{122^\circ 52'}{2}\right)}{\sin(90^\circ 1')} - \cot(90^\circ 1')\sin(1^\circ 6') \\ &= 0.54437.\end{aligned}$$

Durch Berechnung der Arcusfunktion erhält man die Breite des geometrischen Halbdistanzpunktes zu **0° 28′**, und die Länge ist **29° 20′** ♏; die Länge ist also auf die Bogenminute gleich dem astrologischen Halbdistanzpunkt (Mittelwert der Längen). Aus diesen ekliptikalen Koordinaten berechnen wir nun Rektaszension und Deklination; das Ergebnis ist $\alpha = 237^\circ 14'$ und $\delta = 19^\circ 34'$ S. Wie in Problem 7 erhalten wir aus diesen Werten die Rektaszension $\alpha' = 193^\circ 49'$ und damit den

$$DB = 237^\circ 14' - 193^\circ 49' = \mathbf{43^\circ 25'},$$

also eine Korrektur von 12 Bogenminuten im Vergleich zum ohne Breite gerechneten Halbdistanzpunkt.

Problem 9: Bestimme den DB ☉☌♂ zod. conv. mit einer Häusertafel!

Lösung: Der Signifikator ☉ steht im XI. Haus. Dieses hat einen Umfang von $21^\circ 44'$. Die ☉ steht $6^\circ 55'$ von Spitze XI entfernt, also ist die mundane Position approximativ

$$6^\circ 55' \cdot \frac{30^\circ}{21^\circ 44'} = 9^\circ 33' \text{ in XI}$$

(Die genaue mundane Position ist $8^\circ 36'$ in XI.) Wir bringen diesen Wert von der Länge des Mars in Abzug und erhalten $18^\circ 21'$ ♍. Wir schlagen in der Häusertafel nach, wann ungefähr Spitze XI an diesem Tierkreisort steht und erhalten eine Sternzeit von ca. 137°, während die Hausgröße für diese Sternzeit etwa $25^\circ 36'$ beträgt. Ein besserer Wert ergibt sich daher, wenn man von der Länge des Mars den Wert

$$9^\circ 33' \cdot \frac{25^\circ 36'}{30^\circ} = 8^\circ 9'$$

in Abzug bringt, was eine Spitze XI von $19^\circ 45'$ ♍ liefert. Die Sternzeit für diese Spitze XI laut Häusertafel liegt bei 139°. Der Näherungswert für den Direktionsbogen ist daher $166^\circ 29' - 139^\circ \approx \mathbf{27\frac{1}{2}}^\circ$.

Bemerkung: Der genaue Bogen für diese Direktion ist $27^\circ 33'$.

Problem 10: Welche Direktionen zur Sonne werden um das 40. Lebensjahr des Nativen fällig?

Lösung: Wir rechnen die Lebenszeit mit dem bevorzugten Schlüssel in den Direktionsbogen um. Wir verwenden hier den PTOLEMÄUSschlüssel, erhalten also den Direktionsbogen 40°. Es sind nun von der Sternzeit der Geburt diese 40 Grad in Abzug zu bringen bzw. zu ihr hinzuzufügen, das ergibt $t_{dir} = 206^\circ 29'$ und $t_{conv} = 126^\circ 29'$. Zu diesen Sternzeiten und zur mundanen Position $8^\circ 36'$ XI der ☉ berechnen wir nun die Länge mit dem Iterationsverfahren (22) ff. Das ergibt für ☉ dir. den Wert $26^\circ 17'$ ♏, für ☉ conv. die Länge $16^\circ 50'$ ♍. In der Aspekttafel finden wir in der Nähe von ☉ dir. die Promissoren ☌ASC ($23^\circ 51'$), △♃ ($26^\circ 1'$) und ⚹♂ ($27^\circ 54'$). In der Nähe von ☉ conv. stehen die Promissoren MC ($15^\circ 19'$), ⚼♄ ($15^\circ 46$) und ♀/♂ ($17^\circ 7'$). Wir berechnen nun wie in Problem 4 die Direktionsbögen und erhalten folgende Werte (Aspektpunkte ohne Breite gerechnet):

DB ☉ ☌ ASC zod. dir.	=	**37° 6′**
DB ☉ △ ♃ zod. dir.	=	**39° 40′**
DB ☉ ⚹ ♂ zod. dir.	=	**41° 55′**
DB ☉ ☌ ♀/♂ zod. conv.	=	**39° 41′**
DB ☉ ⚼ ♄ zod. conv.	=	**41° 13′**
DB ☉ ☌ MC zod. conv.	=	**41° 44′**

Problem 11: Berechne den DB ☽ □ ♇ mund. dir. (mit Breiten)!
Lösung: Der Signifikator ist hier die mundane Quadraturstelle des Mondes, also 15° 4′ in IV. Ansonsten verläuft die Rechnung wie in den obigen Beispielen: Die Rektaszension zur Deklination −7° 17′ des Pluto und mundanen Position μ = 105° 4′ berechnet sich mit Formel (27) auf 3° 5′. Subtrahiert von der Rektaszension 27° 40′ des Pluto erhält man den Direktionsbogen **24° 35′**.

Problem 12: Was ist der DB ⊙ ⚹ ♀ zod. dir. nach Goldmayer?
Lösung: Wir bestimmen die mundane Position der beiden Direktionspartner. Die mundane Position der ⊙ beträgt 308° 36′ (im Speculum abgelesen oder mit (20) berechnet). Die mundane Position der Stelle ⚹ ♀ (6° 20′ ♏) beträgt 329° 5′ nach Formel (20) (wobei wir die Aspektbreite nicht berücksichtigt haben). Bei GOLDMAYER ist der Direktionsbogen die Differenz der beiden mundanen Positionen, also **20° 29′**.

Bemerkung 1: Im Originalverfahren von GOLDMAYER müßten, wie bemerkt, die mundanen Positionen nach REGIOMONTANUS verwendet werden. In diesem Fall erhielte man die mundanen Positionen ⊙ = 311° 4′, ⚹ ♀ = 333° 11′ und damit einen Direktionsbogen von 22° 7′.
Bemerkung 2: Berücksichtigt man die Breite der Aspektstelle ⚹♀ mit dem BIANCHINIschen Aspektkreis (0° 2′ S), so ist deren mundane Position 329° 6′, also eine Bogenminute (!) größer.

Problem 13: Bestimme den DB ⊙ □ ♆ zod. dir. nach RA und nach OA!
Lösung: Wir bestimmen RA und OA der beiden Direktionspartner ⊙ und □♆ mit den Formeln (1) und (13) (schräge Aufsteigungen unter der Polhöhe des Geburtsortes). Die Werte sind 228° 35′ bzw. 252° 30′ für die Quadraturstelle 21° 1′ ♏ des Neptun sowie 200° 25′ bzw. 211° 19′ für ⊙. Der Direktionsbogen ist die Differenz dieser Aufsteigungswerte, also **28° 10′** nach RA und **41° 11** nach OA.
Bemerkung: Der Bogen für diese Direktion, nach dem Standardverfahren berechnet, beträgt 33° 45′. (Es gilt allgemein, daß der Direktionsbogen nach dem Standardverfahren immer zwischen dem Bogen nach RA und dem nach OA liegt, die Bögen nach RA und OA bilden also die Extremwerte für die Bögen nach dem Standardverfahren.)

Problem 14: Bestimme den DB Spitze II ☌ ♄!
Lösung: Spitze II hat stets die mundane Position 30°. Wir bestimmen zu μ = 30° und zur Deklination δ = −20° 36′ Saturns die zugehörige Rektaszension nach Formel (27) und erhalten den Wert 267° 52′. Dieser wird von der Rektaszension 303° 7′ des Saturn abgezogen, und man erhält den Wert **35° 15′** als Bogen für den Übergang Saturns in das I. Haus.

Problem 15: Bestimme den Direktionsbogen ASC ☌ ☽ zod. dir. mit und ohne Berücksichtigung der Eigenbewegung des Mondes!
Lösung: Direktionen zum Aszendenten werden als Differenzen der schrägen Aufsteigungen berechnet. Die schräge Aufsteigung des Aszendenten ist $t + 90° = 256° 29'$. Die schräge Aufsteigung eines beliebigen Punktes berechnet man mit der Formel

$$OA = \alpha - AD,$$

wobei AD mit (10) bestimmt wird. Hier erhalten wir

$$\begin{aligned} AD &= \arcsin(\tan(-21° 29')\tan(51° 15')) \\ &= -29° 22' \end{aligned}$$

und OA☽ = 276° 25′. Die Differenz zur OA ASC ergibt den

Direktionsbogen ohne Eigenbewegung: **19° 56′**.

Die Direktion findet also $78^m 24^s$ nach der Geburt statt, wenn die Eigenbewegung des Mondes nicht berücksichtigt wird ($1° = 3^m 56^s$).

In dieser Zeit hat sich der Mond um 0° 47′ in Länge weiterbewegt, er steht also dann auf 9° 33′ ♐. Mit Formel (5) folgt die zugehörige neue Rektaszension zu 247° 55′, die Deklination zu −21° 37′ (die Bewegung in Breite wird vernachlässigt). Mit der zugehörigen neuen OA☽ von 277° 31′ ergibt sich der

angenäherte Direktionsbogen mit Eigenbewegung: **21° 2′**.

Eine weitere Wiederholung der Rechnung ergibt den Wert

21° 4′,

der schließlich auf die Bogenminute genau ist.

3.8 Verwendete Nietzsche-Literatur

Über Nietzsche aus astrologischer Sicht schrieb H. BAUMGARTNER im *Astrologischen Auskunftsbogen* Nr. 300 vom Juni 1976, wobei er einen Aszendenten von 0° Schütze annimmt. Baumgartner deutet die wichtigsten Konstellationen von Nietzsches Horoskop und unternimmt auch einen Vergleich mit der Nativität von Lou Andreas Salomé.

Eine im Stil nüchterne, aber informative Biographie Nietzsches schrieb IVO FRENZEL für die *rowohlts monographien*, Taschenbuch Nummer rm 115. Für astrologische Zwecke ist der chronologische Lebensabriß durch KARL SCHLECHTA sehr nützlich, der in tabellarischer Form die Ereignisse in Nietzsches Leben anführt, wobei besonders sein literarisches und musikalisches Leben im Vordergrund steht. Er ist als Buch erschienen (*Nietzsche Chronik*, Hanser Verlag, München 1975), in gedrängter Form aber auch in der Werkausgabe im Ullstein Verlag (*Friedrich Nietzsche, Werke*, Band V, München 1965) abgedruckt.

Der Lied- und Opernsänger DIETRICH FISCHER-DIESKAU hat die Beziehung von Nietzsche und Wagner ausführlich dargestellt (*Wagner und Nietzsche*, Stuttgart 1974). Für Einzelfragen zu Nietzsches Kindheit und Jugend kann man das Nietzschebuch von RICHARD BLUNCK, Basel 1953, oder — mit Vorbehalt — die Erinnerungen seiner Schwester Elisabeth[26] zu Rate ziehen.

Das Werk von H. W. BRANN, *Nietzsche und die Frauen* enthält viele weitere Informationen über die Beziehungen Nietzsches zu seiner Schwester, zu COSIMA VON BÜHLOW-WAGNER-LISZT, zu LOU ANDREAS SALOMÉ und vielen anderen. Dabei wird, über das bloß Sachliche hinaus, eine wertende Deutung dieser Beziehungen unternommen, was für die Charakterologie Nietzsches von Bedeutung ist. Auch der Schriftsteller THOMAS MANN hatte dieses Werk gelesen und die psychologischen Beobachtungen in seine Romanfigur *Adrian Leverkühn* einfließen lassen. Das Buch *Philosoph und Edelmensch*[27] von META VON SALIS, einer Freundin Nietzsches, gibt interessante Aufschlüsse nicht nur über Nietzsches Denken und Wesen, sondern auch über den Lebensgang der Verfasserin und ihr Verhältnis zu Nietzsche. Das Buch von LOU ANDREAS-SALOME, *Friedrich Nietzsche in seinen Werken*, Wien 1894, versucht als erstes einen psychologischen Zugang zur Philosophie Nietzsches.

Im Nietzschejahr 1994 hat der Diogenes Verlag die Arbeit *Friedrich Nietzsche* des Kirchengeschichtlers WALTER NIGG, erstmals 1957 in Zürich er-

[26] Elisabeth Förster-Nietzsche, *Das Leben Friedrich Nietzsche's*, Leipzig 1895
[27] Leipzig 1897

schienen, als Taschenbuch (Nr. 22742) nachgedruckt. Dieses Buch ist unbedingt empfehlenswert und zeigt ein ganz anderes Gesicht von Nietzsche als das allgemein verbreitete. Nigg scheut sich nicht, Nietzsche in die Nähe eines (natürlich nicht christlichen) *Heiligen* zu rücken! Bei seinen gründlichen Quellenforschungen hat Nigg nebenbei auch viele erstaunliche, in herkömmlichen Nietzschewerken nicht zu findende Zitate ausgegraben (z.B. das merkwürdigerweise in DOSTOJEWSKIS *Schuld und Strafe* (1866) vorweggenommene Motiv vom Wahnsinnsausbruch angesichts eines geschundenen Pferdes (!), S.198, das Nigg im Sinne einer starken Geistesverwandtschaft deutet).

Das Buch von RUDOLF STEINER: *Friedrich Nietzsche, ein Kämpfer gegen seine Zeit*, Dornach 1977 enthält mehrere Aufsätze Steiners, in denen er sich von verschiedenen Blickpunkten an Nietzsche annähert. Im ersten Teil, der keine Distanz zu Nietzsche erkennen läßt, versucht er, Charakter und Philosophie Nietzsches anhand seines *Zarathustra* darzustellen, wobei ihm besonders daran liegt, einen angemessenen Begriff von dessen '*Übermenschen*' zu bekommen. Im zweiten Teil versucht Steiner dagegen, die Art von Nietzsches Denken als *psychopathologisches* Problem zu verstehen und umreißt das Krankhafte von Nietzsches Seelenstruktur.

Bei seiner Tätigkeit im Nietzsche-Archiv machte Steiner die interessante Entdeckung, daß Nietzsches Idee von der Ewigen Wiederkehr ihren Ursprung in dem damals populären *Kursus der Philosophie* von EUGEN DÜHRING[28] hatte, einem Werk, das in Nietzsches Bibliothek stand und das er mit Anmerkungen versehen hatte. Dühring äußert dort die Hypothese, daß nach einer bestimmten, sehr langen Zeit alle Elementarteilchen wieder exakt die gleichen Positionen im Raume einnehmen könnten, so daß sich alles Geschehen genau wiederholen würde. Er widerlegt diese Hypothese aber sofort — während sie sich in Nietzsche offenbar weiter zu seiner Version der *Ewigen Wiederkehr* ausformte.

[28]Das Werk ist vor allem durch den souveränen Verriß bekannt, den FRIEDRICH ENGELS ihm später in *Herrn Eugen Dührings Umwälzung der Wissenschaft* angedeihen ließ.

4 Mundane Position

Was das Häuserproblem mit den Primärdirektionen verwandt macht, ist das Konzept der *mundanen Position*, das sowohl bei der Haus- wie bei der Direktionsberechnung benötigt wird. Es gibt verschiedene Konzepte mundaner Position, die zu verschiedenen Häuser- und Direktionssystemen führen. Das allgemeine Problem ist:

Wann haben zwei Himmelspunkte im Verhältnis zu Horizont und Meridian des Geburtsortes eine analoge Lage?

Zum Beispiel wird man von allen Himmelspunkten, die gerade aufgehen beziehungsweise gerade ihre obere Kulmination erreichen, verlangen, daß sie die gleiche Lage wie der Aszendent beziehungsweise das MC, d.h. die gleiche mundane Position wie diese haben. Ein mundanes Positionskonzept, das dieser Minimalanforderung genügt, nenne ich *natürlich*.

Es gibt einige Häusersysteme, die nicht zu einem natürlichen Begriff der mundanen Position kommen. Dazu gehören etwa

- das System von EUTOKIUS (alias PORPHYRIUS alias GRIMM), das den Abstand der Achsen in ekliptikaler Länge teilt,
- das System von ALCABITIUS (oder RHETORIUS), das den Abstand der Achsen in *RA* teilt,
- das System von KOCH, das den Abstand der Achsen in *OA* teilt,
- und das azimutale System, bei dem die mundane Position durch die Himmelsrichtung definiert wird.

In all diesen Fällen wird die obige Minimalforderung nicht erfüllt, daß alle aufgehenden Himmelspunkte die mundane Position des ASC und alle in der oberen Kulmination befindlichen Himmelspunkte die mundane Position des MC haben.

Es ist trotzdem möglich, Häuser und Direktionen nach diesen unnatürlichen Systemen zu berechnen, was unten auch beschrieben werden soll. Ein *natürliches* mundanes Positionskonzept ist aber ästhetisch ansprechender, weil es Aszendent und MC zwanglos in ein höheres Ganzes einordnet.

Man kann die Punkte gleicher mundaner Position durch eine Linie verbinden, die sogenannte Positionslinie, und durch eine Zahl kennzeichnen, die mundane Position μ im engeren Sinne.

Dabei ist es sinnvoll, die Freiheit in der Skalierung so zu benutzen, daß die Punkte mit $\mu = 0°$ der östlichen Hälfte des Horizonts entsprechen, die Punkte mit $\mu = 90°$ dem unter dem Horizont gelegenen Teil des Meridians, die Punkte mit $\mu = 180°$ der westlichen Hälfte des Horizonts und die Punkte mit $\mu = 270°$ dem sichtbaren Teil des Meridians. Die anderen Werte für μ charakterisieren dann Positionslinien von Punkten in den entsprechenden Quadranten. *Diese Skalierung von μ wird in der vorliegenden Arbeit durchgehend verwendet.*

Zählt man die mundane Position auf diese Weise – so wie wir es in der unten folgenden Formelsammlung tun werden, so hat man der klassischen Analogie zwischen Haus und Zeichen Rechnung getragen: es steht dann das I. Haus mit Widder, das II. Haus mit Stier etc. in Beziehung.

Man könnte nun mit der unten folgenden Formelsammlung die mundanen Positionen der Horoskopfaktoren nach dem persönlich bevorzugten mundanen Positionskonzept berechnen und die entstehenden Zahlen als ekliptikale Längen eines neuen Horoskops, des *Erdhoroskops* auffassen, wie es F. GLAHN ([Gl]) getan hat. Der Verfasser rät allerdings von einer solchen Vorgehensweise ab, da es einer Überbewertung der mundanen Position gleichkommt, derer sich schon GLAHN selbst schuldig gemacht hat (der sogar Aspekte zwischen den "Erdplaneten" und den eigentlichen Ständen berücksichtigte und damit eine verwirrende Vielzahl weiterer Aspekte einführte). Das Bezugssystem der Astrologie ist aber die Ekliptik und kein anderes. Überdies verwendete GLAHN einen *unnatürlichen* mundanen Positionsbegriff, nämlich das System PORPHYRIUS-EUTOKIUS.[29]

Der Rest dieses Abschnitts besteht in kurzen Erläuterungen der verschiedenen Verfahren und in Formeln zur Lösung der folgenden drei

Grundprobleme:

1. Bestimme die mundane Position eines durch RA und Deklination oder durch Länge und Breite gegebenen Himmelspunktes.
2. Bestimme die Länge eines Ekliptikpunktes mit gegebener mundaner Position (Häuserproblem).
3. Bestimme die RA eines Himmelspunktes mit gegebener Deklination und mundaner Position (Direktionsproblem).

Der sphärischen Trigonometrie unkundige Leser seien auf die entsprechende mathematische Literatur verwiesen. Auch Formelsammlungen wie die von BARTSCH ([BF]) geben einen kurzen Einblick in die Begriffe und wichtigsten Sätze dieses Gebiets.

[29] Zur Geschichte der Häusersysteme siehe das ausgezeichnete Buch von KOCH und KNAPPICH *Horoskop und Himmelshäuser* ([KK]), aber auch [WK1].

Sphärische Koordinatensysteme basieren auf der Auszeichnung einer Achse als Polachse und einer durch diese Achse verlaufenden Ebene als Nullmeridian. Nach einer solchen Festlegung kann jeder Punkt auf der Kugel durch Angabe seiner 'Länge' und 'Breite' bestimmt werden. In der Astrologie haben wir es vor allem mit zwei Koordinatensystemen zu tun, dem Äquator-Pol-System und dem ekliptikalen Koordinatensystem. Das folgende Bild zeigt die Beziehung der äquatorialen (die 'Länge' heißt hier Rektaszension, Symbol α, die 'Breite' ist die Deklination, Symbol δ) und ekliptikalen Koordinaten (ekliptikale Länge λ, ekliptikale Breite β) eines Himmelspunktes:

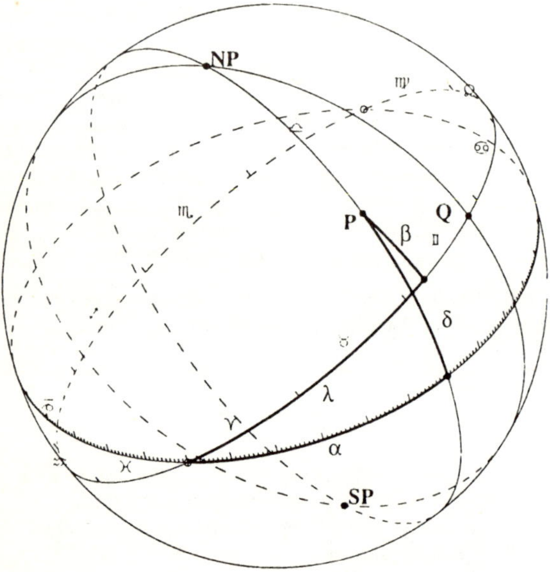

Traditionell wird ein Großkreis in der Astrologie durch *Schräge Aufsteigung* (OA) und *Polhöhe* (π) charakterisiert. Die OA ist die Rektaszension des *aufsteigenden Punktes* des Großkreises, d.h. desjenigen Schnittpunktes mit dem Äquator, bei dem in Richtung zunehmender Rektaszension auch die Deklination der Großkreispunkte zunimmt. Lediglich für *Meridiane* ist die OA — die dann RA heißt — nach dieser Definition nicht eindeutig bestimmbar. Für die astrologisch relevanten Meridiane ist die RA jedoch aus anderen Gründen wohlbestimmt.

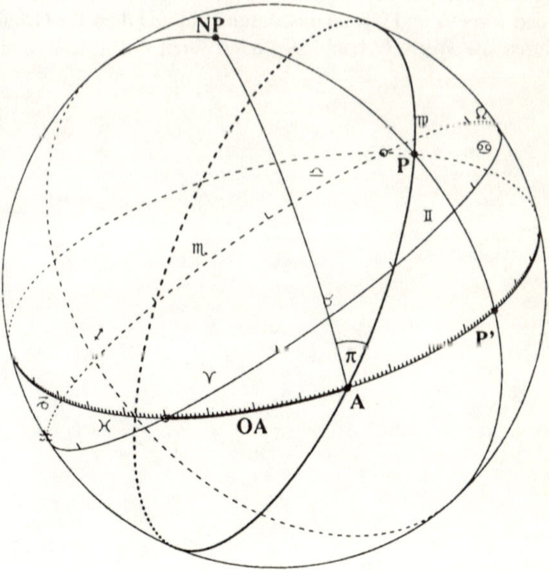

Um die *Polhöhe* zu definieren, zieht man wie in der Abbildung einen Meridian zum aufsteigenden Punkt. Man erhält als OA des *Geburtshorizonts* auf der Nordhalbkugel den Wert RAMC+90°, während die Polhöhe π einfach gleich der geographischen Breite φ des Geburtsortes ist.[30] Der Name

[30] Auf der Südhalbkugel ist die Polhöhe des Horizonts nach dieser Definition auch positiv, die OA ist aber RAMC-90°, entspricht also dem *Westpunkt* des Horizonts. Die 'oblique ascensio' bezeiht sich bei unserer Definition auf den schrägen Aufstieg der auf dem Großkreis gelegenen Punkte, d.h. die Zunahme ihrer Deklination bei zunehmender

rührt daher, daß die Polhöhe *des Horizonts* auch als die Erhebung der Polachse über dem Horizont definiert werden kann — also genau die 'Höhe' des Nord- bzw. Südpols im Sinne des Horizontkoordinatensystems. Die Polhöhe eines Meridians beträgt stets Null.

Die OD (*obliqua descensio*)[31] wird dagegen durch den absteigenden Punkt definiert, das ist der Schnittpunkt des Großkreises mit dem Äquator, bei dem die Deklination der Großkreispunkte mit zunehmender RA abnimmt. Er liegt dem aufsteigenden Punkt natürlich genau gegenüber.

Manchmal ist es praktisch, auch mit negativen Polhöhen zu rechnen und den Unterschied von OA und OD zu ignorieren. Ein und derselbe Großkreis wird dann durch die Werte OA und $+\varphi$ oder durch $OA + 180°$ und $-\varphi$ bezeichnet.

RA. Sie hat nichts damit zu tun, ob sich im Falle des Horizonts der aufgehende oder untergehende Punkt des Äquators ergibt.

[31] Die lateinische Wortordnung würde eigentlich 'descensio obliqua' und damit die Abkürzungen DO, AO, AR verlangen, die man auch gelegentlich findet. Sie haben sich aber nicht durchgesetzt.

Verzeichnis häufiger Symbole

α	Rektaszension (RA)
δ	Deklination
λ	Ekliptikale Länge
β	Ekliptikale Breite
φ	Geographische Breite
ε	Ekliptikschiefe
t	Sternzeit der Geburt in Grad (RAMC)
MD	$= \alpha - t$ Meridionaldistanz ($0° \leq MD < 360°$)
MD_T	Distanz zum MC ($-180° \leq MD_T \leq +180°$)
MD_N	Distanz zum IC ($-180° \leq MD_N \leq +180°$)
AD	Aszensionaldifferenz
OA	Obliqua Ascensio = schiefe Aufsteigung = $\alpha - AD$
HB	Halbbogen (Tag, wenn nicht anders gesagt)
HB_T, HB_N	Halber Tag- bzw. Nachtbogen
π	Polhöhe des Himmelspunktes
μ	Mundane Position

Die Umkehrungen der Winkelfunktionen sind bekanntlich mehrdeutig. Wo es nötig war, wurden den Formeln daher kleine Tabellen beigefügt, die eine eindeutige Auflösung in Abhängigkeit von den Ausgangswerten gestatten. Sie sind besonders für die Programmierung auf Rechnern nützlich.

4.1 Allgemeine Formeln

Rektaszension und Deklination eines Ekliptikpunktes

$$\tan\alpha = \tan\lambda\cos\varepsilon \quad (1)$$
$$\cot\lambda = \cot\alpha\cos\varepsilon \quad (2)$$
$$\sin\delta = \sin\lambda\sin\varepsilon \quad (3)$$
$$\tan\delta = \sin\alpha\tan\varepsilon \quad (4)$$

Rektaszension aus ekliptikaler Länge und Breite

$$\tan\alpha = \tan\lambda\cos\varepsilon - \frac{\tan\beta\sin\varepsilon}{\cos\lambda} \quad (5)$$

Deklination aus ekliptikaler Länge und Breite

$$\sin\delta = \cos\beta\sin\lambda\sin\varepsilon + \sin\beta\cos\varepsilon \quad (6)$$

Ekliptikale Länge aus RA und Deklination

$$\tan\lambda = \tan\alpha\cos\varepsilon + \frac{\tan\delta\sin\varepsilon}{\cos\alpha} \quad (7)$$

Die Mehrdeutigkeit der Formeln (1), (2), (5) und (7) wird durch folgende Tabelle beseitigt:

λ	270° bis 90°	90° bis 270°
α	270° bis 90°	90° bis 270°

Großkreisabstand zweier Himmelspunkte

$$\cos d = \sin\beta_1\sin\beta_2 + \cos\beta_1\cos\beta_2\cos(\lambda_2 - \lambda_1) \quad (8)$$
$$= \sin\delta_1\sin\delta_2 + \cos\delta_1\cos\delta_2\cos(\alpha_2 - \alpha_1) \quad (9)$$

Halbbogen und Aszensionaldifferenz

$$\sin AD = \tan\delta\tan\varphi \quad (10)$$
$$HB = 90° \pm AD \quad (11)$$

In (11) ist für den halben Tagbogen "+" zu wählen, für den halben Nachtbogen "-" (und natürlich das Vorzeichen der AD mitzuführen!).

Länge eines Ekliptikpunktes aus OA und Polhöhe

$$\cot\lambda = \cos\varepsilon \cot OA - \frac{\sin\varepsilon \tan\pi}{\sin OA} \tag{12}$$

Die Mehrdeutigkeit der Formel (12) wird durch folgende Tabelle beseitigt:

OA	0° – 180°	180° – 360°
λ	0° – 180°	180° – 360°

OA eines Ekliptikpunktes aus Länge und Polhöhe

$$OA = \alpha - AD \tag{13}$$

Dabei werden α mit Formel (1) und AD mit Formel (10) berechnet.

Polhöhe eines Ekliptikpunktes aus Länge und OA

$$\tan\pi = \frac{\cos\varepsilon \cos OA - \cot\lambda \sin OA}{\sin\varepsilon} \tag{14}$$

4.2 Mundane Position nach Placidus

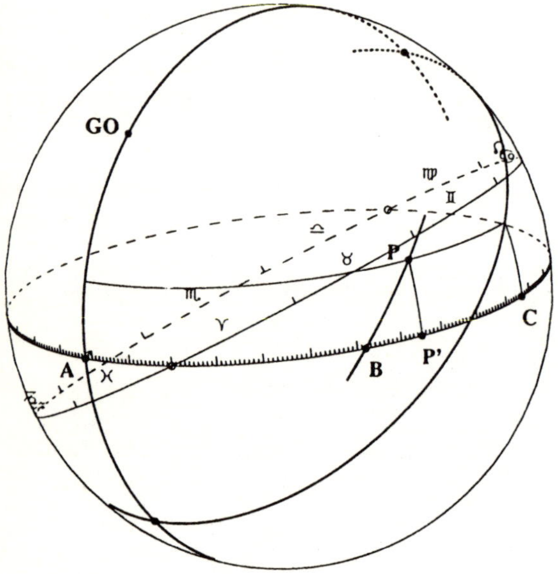

Dieses System ist nach PLACIDUS benannt, weil er es propagiert und physikalisch zu begründen versucht hat. Er ist aber nicht Urheber des Verfahrens, das auch als *ptolemäische Manier* bekannt ist.[32] Bei diesem Verfahren wird die mundane Position eines Himmelspunktes bestimmt, indem man die Proportion der Meridionaldistanz zum Halbbogen bildet.

In der Abbildung sehen wir einen Himmelspunkt P im vierten Quadranten, also in der Zeit zwischen Aufgang und Kulmination. Sein Deklinationskreis (Parallelkreis) trifft Meridian und Horizont in zwei Punkten, deren Lotfußpunkte auf dem Äquator mit A und C bezeichnet wurden. Der Bo-

[32]Die Beispieldirektionen in der Tetrabiblos III.10 ([Pt]) werden mit diesem mundanen Positionssystem berechnet.

gen AC mißt daher die Zeit vom Aufgang bis zur Kulmination — es ist der *halbe Tagbogen* (HB) von P. Der Bogen AP' mißt, wieviel Zeit von diesem Moment an noch bis zur Kulmination von P' verstreichen muß — es ist die *Meridionaldistanz* (MD) von P.

Die mundane Positionslinie von P ist die Menge aller Himmelspunkte, die gerade die Zeit zwischen Aufgang und Kulmination mit derselben Proportion teilen wie P. Die stark eingezeichnete Linie BP ist ein Teil dieser mundanen Positionslinie. *Sie ist kein Großkreis* — auch wenn man das bei dem dargestellten äquatornahen Stück dieser Linie glauben könnte. Für größere Deklinationen ergeben sich allerdings erheblichere Abweichungen von einem Großkreis.

Da der Äquatorpunkt B einen Halbbogen von 90° besitzt, muß bei unserer Skalierung von μ der Bogen AB gleich $\mu - 270°$ sein. In Anlehnung an die Terminologie bei Großkreisen spricht man auch beim Punkt B vom *aufsteigenden Punkt* und bezeichnet die Rektaszension von B als schräge Aufsteigung von P. Von einer Polhöhe spricht man nicht — vergleiche aber die Placidusvariante von Kühr, die in Abschnitt 4.3 beschrieben wird.

Formeln zur mundanen Position

$$\sin AD = \tan\delta \tan\varphi \tag{15}$$
$$MD_T = \alpha - t \tag{16}$$
$$MD_N = \alpha - t + 180° \tag{17}$$
$$HB_T = 90° + AD \tag{18}$$
$$HB_N = 90° - AD \tag{19}$$
$$\mu = \begin{cases} \left(\dfrac{MD_T}{HB_T} + 3\right) \cdot 90°, & \text{wenn Punkt über Horizont} \\ \left(\dfrac{MD_N}{HB_N} + 1\right) \cdot 90°, & \text{wenn Punkt unter Horizont} \end{cases} \tag{20}$$

Bemerkungen

1.) Breite, Deklination etc. sind natürlich mit ihren Vorzeichen zu verwenden!

2.) Die MD_T und MD_N sollten stets im Intervall zwischen $-180°$ und $+180°$ verwendet werden.

3.) Um festzustellen, ob ein Himmelspunkt über oder unter dem Horizont liegt, berechnet man die Größe

$$x = \sin AD + \cos MD = \tan\delta \tan\varphi + \cos(\alpha - t). \tag{21}$$

Ist $x < 0$, so befindet sich der Punkt unter, andernfalls über dem Horizont.

Dies ist das allgemeine Verfahren für beliebige Punkte. Für Punkte ohne Deklination oder ohne Breite kann man direkt feststellen, ob sie über oder unter dem Horizont stehen: Im Falle $\delta = 0$ muß die Rektaszension im Bereich $t - 90°$ bis $t + 90°$ liegen, damit der Punkt oberhalb des Horizonts steht. Im Falle $\beta = 0$ entnimmt man der Horoskopzeichnung, ob der Punkt in den Häusern I-VI oder VII-XII steht und damit oberhalb oder unterhalb des Horizonts.

4.) Das Placidusverfahren kollabiert in der zirkumpolaren Region $|\delta|+|\varphi| > 90°$. Die dort befindlichen Himmelspunkte gehen ja weder auf noch unter und besitzen daher keinen Halbbogen. In diesen Himmelsregionen setzt man es üblicherweise mit dem ALCABITIUSverfahren stetig fort (Teilung nach RA, siehe 4.7), das allerdings ein unnatürliches mundanes Positionskonzept darstellt.

Länge eines Ekliptikpunktes mit gegebener mundaner Position

Die Placiduslängen sind nur mit einem Iterationsverfahren berechenbar. Das hier gegebene Verfahren kommt mit weniger Iterationen aus als üblich: Für Bogensekundengenauigkeit benötigt man maximal fünf Iterationen.

Es wird die Rektaszension α iteriert:

Punkt 1.) (Startwerte) Berechne die OA und die Hilfsfaktoren a, c:

$$OA = t + \mu + 90°, \quad \text{auf } 0° \leq OA < 360° \text{ zu reduzieren} \tag{22}$$

$$a = \begin{cases} \dfrac{\mu - 270°}{90°} & \text{für } 180° \leq \mu < 360° \\ \dfrac{90° - \mu}{90°} & \text{für } 0° \leq \mu < 180° \end{cases} \tag{23}$$

$$c = \tan\varepsilon \tan\varphi \tag{24}$$

Als Startwert für die Rektaszension wähle die Schiefe Aufsteigung:

$$\alpha_0 = OA \tag{25}$$

Punkt 2.) (Iteration) Berechne den jeweils nächsten Wert für α mittels

$$\alpha_{n+1} = \alpha_n - \frac{OA + a \cdot \arcsin(c \cdot \sin\alpha_n) - \alpha_n}{a \cdot c \cdot \cos\alpha_n - 1} \tag{26}$$

Punkt 3.) (Abbruch) Punkt 2 wird solange wiederholt, bis die Differenz $\alpha_{n+1} - \alpha_n$, das ist gerade der Bruch auf der rechten Seite von (26), kleiner

als die Hälfte der gewünschten Genauigkeit ist.
Punkt 4.) **(Umrechnung in Länge)** Aus der letzten Rektaszension $\alpha = \alpha_{n+1}$ wird die Länge wie üblich berechnet:

$$\cot\lambda = \cos\varepsilon \cot\alpha$$

α	$0° - 180°$	$180° - 360°$
λ	$0° - 180°$	$180° - 360°$

Häuserspitzen

Hier wird obiges Iterationsverfahren für die mundanen Positionen 30°, 60°, etc. verwendet. Es ergeben sich die folgenden Werte für OA und a:

	XI	XII	II	III
OA	$t + 30°$	$t + 60°$	$t + 120°$	$t + 150°$
a	1/3	2/3	2/3	1/3

Rektaszension bei gegebener Deklination und mundaner Position

$$\alpha = \mu + t + a \cdot \arcsin(\tan\delta\tan\varphi) - 270°\,, \qquad (27)$$

wobei a mit Formel (23) zu berechnen und das Ergebnis auf $0° \le \alpha < 360°$ zu reduzieren ist.

4.3 Die Placidusvariante von Kühr

In der Zeitschrift *Zenit*, in den 30er Jahren von der *Astrologischen Zentralstelle* in Berlin herausgegeben, wurde ein langjähriger Streit zwischen 'Regiomontanern' und 'Placidianern' ausgetragen, der mit den Namen NOESSELT, KÜHR, SCHULTZ, KOCH und WASSILKO-SERECKI verbunden ist. Vor dem Hintergrund dieses Streits ist die von KÜHR erfundene Placidusvariante zu verstehen:

Man bemängelte am Placidus-System, daß dessen mundanen Positionslinien keine Großkreise seien, d.h. im Jargon daß sie 'keine Polhöhe haben'. Ein Großkreis als Positionslinie, wie ihn das Regiomontanus-System zu bieten hat, wurde als ästhetischer empfunden.

Diesem Urteil schloß sich auch KÜHR an, und er modifizierte das placidianische System folgendermaßen: Die mundane Positionslinie eines Himmelspunktes ist bei ihm der eindeutig bestimmte *Großkreis*, der durch eben diesen Himmelspunkt und den Äquatorpunkt mit derselben mundanen Position verläuft.

Die Bestimmung der mundanen Position verläuft also in gleicher Weise wie beim Placidus-System. Zusätzlich hat man aber auch die *Polhöhe* des mundanen Positionskreises zu bestimmen; *diese ist nicht mehr allein durch die mundane Position gegeben, sondern hängt auch von der Deklination des Himmelspunktes ab.* Im Gegensatz zu allen anderen hier besprochenen mundanen Positionskonzepten hat das Kührsystem also die folgende seltsame Eigenschaft:

> Verschiedene Himmelspunkte mit der gleichen mundanen Position haben bei Kühr im allgemeinen verschiedene Positionskreise.

Aus der Konstruktion folgt auch, daß das Kührsystem nur bei Direktionen, nicht aber bei der Hausberechnung von Placidus abweicht.

Mundane Position

Die Berechnung von μ verläuft wie beim PLACIDUS-System.

Länge zu gegebener mundaner Position

Die Berechnung von λ verläuft wie beim PLACIDUS-System.

Polhöhe zu gegebener Deklination und mundanen Position

$$\tan \pi = -\cos(MD - \mu) \cot \delta \tag{28}$$

> *Achtung! Die Deklination δ in (28) ist bei Direktionsrechnungen stets die Deklination des Signifikators, in (29) dagegen die des Promissors!*

RA zu gegebenem δ, μ und π

$$\cos(\alpha - t - \mu) = -\tan \delta \tan \pi \tag{29}$$

Beim Auflösen des Cosinus ist der Wert im Intervall $0° \leq \alpha - t - \mu < 180°$ zu wählen.

Bemerkung. Für auf dem Äquator liegende Signifikatoren ($\delta = 0$) ist kein Kühr-Positionskreis definiert. Strenggenommen ist für Äquatorpunkte der *Tangentialgroßkreis* an die Placidus-Positionskurve zu nehmen.

4.4 Die topozentrische Placidusvariante

Das topozentrische System der mundanen Position wurde 1964 von den Astrologen POLICH und PAGE eingeführt ([WK1], S.65f.) und ist eine Korrektur des Placidussystems, die sich den Verfassern bei ihren empirischen Direktionsforschungen ergab. Wie bei KÜHR ist die mundane Positionslinie ein *Großkreis*, dessen OA sich wie bei KÜHR und PLACIDUS durch die Proportion der MD zum HB ergibt. Nur die Polhöhe wird anders berechnet als bei Kühr, nämlich mittels der sogenannten BODINEAU-Formel:

$$\tan\pi = \frac{MD}{HB} \cdot \tan\varphi. \tag{30}$$

Eine seltsame Konsequenz ist, daß der Positionskreis eines Himmelspunktes im allgemeinen an diesem selbst vorbeischießt! Bestimmt man die OA mit Hilfe des mundanen Positionskonzepts nach Placidus, so kann man eben nur mit der Kühr-Polhöhe erreichen, daß der Signifikator auf seinem eigenen Positionskreis liegt. Auch die Häuserspitzen sind nicht mehr die placidianischen, sondern liegen nur nahe bei ihnen. Da gelegentlich auf dieses System hingewiesen wird, sollen die zur mundanen Positionsberechnung nötigen Formeln aber hier aufgeführt werden.

Mundane Position

Die Berechnung von μ verläuft wie beim PLACIDUS-System.

Länge zu gegebener mundaner Position

Man bestimmt den Faktor a aus μ wie in (23), die OA aus μ mittels (22), die Polhöhe mit der Bodineauformel,

$$\tan\pi = a \cdot \tan\varphi, \tag{31}$$

und schließlich die Länge aus OA und π mit der allgemeinen Formel (12).

RA zu gegebenem δ und μ

Man bestimmt die zu μ gehörige Polhöhe mit (31), oder direkt aus dem Signifikator mit (30). Aus der Deklination des Promissors erhält man dann wie bei Kühr die RA des Schnittpunkts mit der Positionslinie:

$$\cos(\alpha - t - \mu) = -\tan\delta\tan\pi \tag{32}$$

Beim Auflösen des Cosinus ist der Wert im Intervall $0° \leq \alpha - t - \mu < 180°$ zu wählen.

4.5 Mundane Position nach Regiomontanus

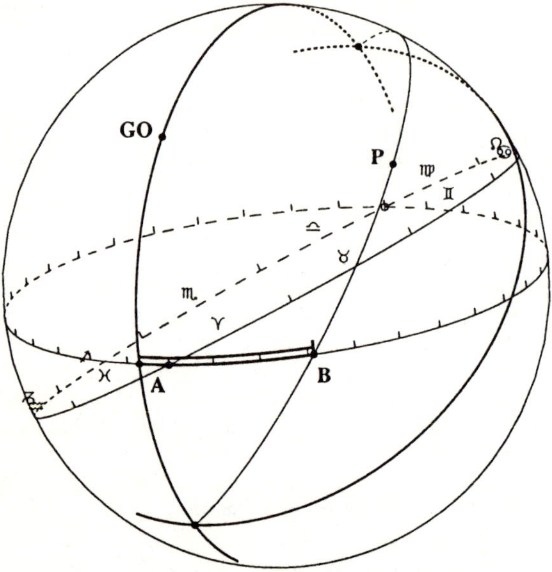

In der Abbildung bezeichnet GO die Projektion des Geburtsortes auf die Himmelskugel (den Zenit). Der durch GO verlaufende stark gezeichnete Großkreis ist der Geburtsmeridian. Er schneidet den Himmelsäquator im Punkt A. Senkrecht zum Geburtsmeridian verläuft der Horizont, der ebenfalls stark gezeichnet ist und den Meridian in seinem Nord- und Südpunkt schneidet.

P bezeichnet den Himmelspunkt, dessen mundane Position zu bestimmen ist. Regiomontanus zieht den Großkreis durch den Himmelspunkt P und die Schnittpunkte von Meridian und Horizont. Dieser Großkreis heißt *Positionskreis* von P. In der Abbildung schneidet der Positionskreis von P den Äquator im Punkte B. Die mundane Position wird nun als Bogen auf dem Äquator gemessen. Die mundane Position des gezeichneten Beispielpunkts P, der sich zwischen Aufgang und Kulmination befindet, ist gleich dem Bogen AB plus 270°, der mundanen Position des Meridians.

Alle Punkte auf einem Positionskreis haben nach Konstruktion die gleiche mundane Position. Meridian und Horizont sind die Positionskreise für $\mu = 90° /270°$ bzw. für $\mu = 0° /180°$. Gestirne über dem Horizont haben mundane Positionen zwischen 180 und 360 Grad, unter dem Horizont zwischen 0 und 180 Grad.

Formeln zur mundanen Position

$$\tan\mu = -\frac{\tan\varphi\tan\delta + \cos MD}{\sin MD} \quad \text{für } MD \neq 0°, 180° \qquad (33)$$

$$\mu = 90° /270° \quad \text{für } MD = 180° /0°$$

$$\cos(MD - \mu) = -\tan\pi\tan\delta \qquad (34)$$

$$\cos\mu = \tan\pi\cot\varphi \qquad (35)$$

Bemerkungen

1.) Durch Formel (33) erhält man sofort die mundane Position, ohne Umweg über die Polhöhe.
2.) Die Formeln (34) und (35) können zur Berechnung der Polhöhe und der mundanen Position verwendet werden.
3.) Formel (33) liefert zwei mögliche Werte für μ, die sich um 180° unterscheiden. Liegt der Punkt über dem Horizont, so ist der Wert für μ zwischen 180° und 360° zu nehmen, andernfalls der Wert zwischen 0° und 180°. Ein Punkt liegt genau dann über dem Horizont, wenn seine Meridionaldistanz MD_T vom Betrage kleiner als sein Halbbogen HB_T ist. Diese Unterscheidung ist kurz in der folgenden Tabelle zusammengefaßt:

$HB < MD < 360 - HB$	$-HB < MD < HB$
$0° < \mu < 180°$	$180° < \mu < 360°$

Eine andere Möglichkeit, die sichtbare und die unsichtbare Himmelshälfte zu unterscheiden, ist in Abschnitt 4.2, Bemerkung 3 angegeben.

Länge eines Ekliptikpunktes bei gegebener mundaner Position

$$\cot\lambda = -\frac{\cos\varepsilon\sin(t+\mu)+\sin\varepsilon\tan\varphi\cos\mu}{cos(t+\mu)} \quad (36)$$

$$\cot\lambda = -\frac{\cos\varepsilon\sin(t+\mu)+\sin\varepsilon\tan\pi}{\cos(t+\mu)} \quad (37)$$

$t+\mu$	270° − 90°	90° − 270°
λ	0° − 180°	180° − 360°

Häuserspitzen

Hier sind in (36) für μ die Werte 30°, 60°, 120° und 150° einzusetzen. Man erhält die Spitzen von II, III, V und VI. Sei λ_i die Spitze des i. Hauses. Dann gilt

$$\cot\lambda_i = -\frac{\cos\varepsilon\sin(t+30°\cdot(i-1))+\sin\varepsilon\tan\varphi\cos(30°\cdot(i-1))}{\cos(t+30°\cdot(i-1))} \quad (38)$$

Rektaszension bei gegebener Deklination und mundaner Position

$$\cos(\alpha-t-\mu) = -\tan\delta\tan\varphi\cos\mu \quad (39)$$

Bei der Auflösung des Cosinus ist der Wert im Bereich $0° \leq \alpha-t-\mu < 180°$ zu wählen.

4.6 Mundane Position nach Campanus

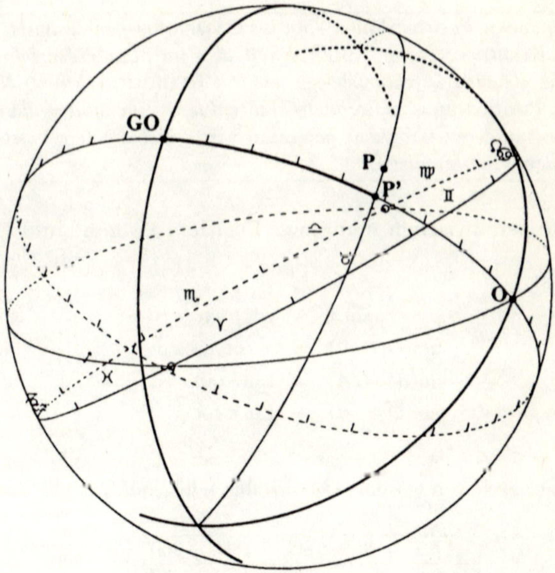

CAMPANUS legt wie REGIOMONTANUS den *Positionskreis* durch den Himmelspunkt P, d.h. denjenigen Großkreis, der durch P und den Nord- und Südpunkt des Horizonts geht. Er unterschiedet sich von REGIOMONTANUS nur darin, daß er einen anderen Großkreis zur Messung der mundanen Position verwendet: Während REGIOMONTANUS dafür den Äquator heranzieht, schneidet Campanus den Positionskreis mit dem *Ost-West-Vertikal*, d.h. dem auf dem Meridian senkrecht stehenden Großkreis durch Zenit und Ost- und Westpunkt des Horizonts und mißt dann den Bogen zum Zenit auf diesem Großkreis.

In unserer Abbildung ist der Ost-West-Vertikal mit Meßpunkten versehen und verläuft durch die Punkte GO (Zenit) und O (Ostpunkt des Horizonts). Der Positionskreis von P schneidet den Ost-West-Vertikal in P'. Der Bogen von GO nach P' ist dann gleich $\mu - 270°$.

> *Die mundanen Positionslinien sind bei* CAMPANUS *genau dieselben wie bei* REGIOMONTANUS. *Man erhält also im Standardverfahren exakt die gleichen Direktionsbögen wie mit* REGIOMONTANUS. *Nur die dem Positionskreis zugeordnete Maßzahl* μ *ist eine andere, da sie auf einem anderen Großkreis gemessen wird. Insbesondere ergeben sich andere Häuserspitzen.*

Beziehungen zwischen mundaner Position, Polhöhe und OA

$$\sin\pi = \cos\mu\sin\varphi \tag{40}$$
$$\tan(OA - t) = -\cot\mu\cos\varphi \tag{41}$$
$$\sin(\alpha - OA) = \tan\delta\tan\pi \tag{42}$$
$$\sin(OA - t) = \tan\pi\cot\varphi \tag{43}$$

Die Mehrdeutigkeit von Formel (41) wird durch folgende Tabelle beseitigt:

μ	0° – 180°	180° – 360°
$OA - t$	90° – 270°	270° – 90°

Mundane Position eines Himmelspunktes

$$\tan\mu = -\frac{\cos\varphi\cos\delta\cos(\alpha - t) + \sin\varphi\sin\delta}{\cos\delta\sin(\alpha - t)} \tag{44}$$

Bemerkungen

1.) Es werden die äquatorialen Koordinaten α, δ des Himmelspunktes benötigt. Diese müssen ggf. erst mit (1) und (5) aus den ekliptikalen Koordinaten berechnet werden.
2.) Formel (44) liefert zwei mögliche Werte für μ, wovon nur einer richtig ist. Es gilt auch hier das in Abschnitt 4.5, Bemerkung 3 Gesagte.

Länge eines Ekliptikpunktes bei gegebener mundaner Position

Zunächst ist mit den Formeln (40) und (41) Polhöhe und OA zu bestimmen. Dann wird mit der allgemeinen Formel (12) die Länge ermittelt:

$$\cot\lambda = \cos\varepsilon\cot OA - \frac{\sin\varepsilon\tan\pi}{\sin OA} \tag{45}$$

Für die *Häuserspitzen* geht man genauso vor; es ist dann für das i. Haus die mundane Position $\mu = 30° \cdot (i-1)$ zu nehmen.
Achtung! Die OA ist hier anders als in den Systemen von Placidus und Regiomontanus. Man kann nicht einfach den Wert $t + 30°$ als OA des XI. Hauses nehmen wie bei den genannten Systemen, sondern muß den Weg über Formel (41) nehmen.

Rektaszension bei gegebener Deklination und mundaner Position

Wieder werden Polhöhe und OA mit Formel (40) und (41) bestimmt. Mit Formel (42) erhält man dann α. Hierbei tritt keine Mehrdeutigkeit auf, da die Differenz von RA und OA nie größer als 90° werden kann. [33]

[33] Dies gilt allerdings nicht für die Polregionen, in denen sowieso die klassischen Häusersysteme entarten.

4.7 Unnatürliche mundane Positionsbegriffe

Es folgen nun einige Häusersysteme, die nicht zu einem sinnvollen Begriff von Mundanposition kommen. Der Grund ist, daß nicht versucht wird, Horizont und Meridian in ein gemeinsames System zu integrieren, sondern Horizont (Koch) bzw. Meridian (Alcabitius) oder gar ein raumfestes System (Porphyrius) bevorzugt werden.

Diese Inkonsistenz wertet die genannten Häusersysteme aber noch nicht ab. Es ist ja möglich, daß eines dieser Systeme sich in der Praxis besser bewährt. Schon aus Gründen der Vollständigkeit – und weil viele Astrologen mit solchen Systemen arbeiten – werden auch die Berechnungsgrundlagen dieser Systeme aufgeführt. Um im Schema dieser Formelsammlung zu bleiben, beziehen wir auch hier die Formeln auf die Mundanposition μ. Dabei ist dann allerdings zu beachten, daß die erhaltenen Werte symbolisch, nicht astronomisch sind. Ein Stern kann sich im VI. Häuserareal befinden, aber in Wahrheit noch über dem Horizont stehen. Er kann schon die obere Kulmination durchlaufen haben, aber immer noch in X stehen.

Das ekliptikale System nach Porphyrius

Dieses auch nach EUTOKIUS oder GRIMM benannte System teilt einfach die Längenabstände zwischen den Ecken ASC, MC, DSC und IC auf der Ekliptik.

Mundane Position

$$\mu = \left(\frac{\lambda - \lambda_0}{\lambda_1 - \lambda_0} + k\right) \cdot 90° \tag{46}$$

Dabei ist $\lambda_0 \leq \lambda < \lambda_1$, und λ_0, λ_1 bezeichnen die Ecken des Quadranten, in dem sich der Himmelspunkt befindet (genauer: in dem sich die Projektion des Himmelspunktes auf die Ekliptik befindet). Der Wert k ist aus der folgenden Tabelle zu entnehmen:

λ_0	ASC	IC	DSC	MC
k	0	1	2	3

Länge bei gegebener mundaner Position

$$\lambda = \frac{\mu - \mu_0}{90°} \cdot (\lambda_1 - \lambda_0) + \lambda_0 \tag{47}$$

Dabei ist μ_0 die mundane Position der Ecke, die μ vorangeht:

μ	0° – 90°	90° – 180°	180° – 270°	270° – 360°
μ_0	0°	90°	180°	270°
Ecke	ASC	IC	DSC	MC

λ_0 ist die Länge der Ecke, die μ vorangeht, also die zu μ_0 gehörige Länge. λ_1 ist die Länge der auf μ folgenden Ecke.

Rektaszension bei gegebener mundaner Position und Deklination

1.) Berechne die zu μ gehörige Länge nach Formel (47)
2.) Berechne der Reihe nach c, π, AD und α:

$$\cot c = \cos\varepsilon \cot\lambda \tag{48}$$
$$\sin\pi = \sin\varepsilon \cos\lambda \tag{49}$$
$$\sin AD = \tan\delta \tan\pi \tag{50}$$
$$\alpha = c - AD \tag{51}$$

Bemerkungen

1.) Die Auflösung der Mehrdeutigkeit des cot in Formel (48) erfolgt nach folgender Tabelle:

λ	0° – 180°	180° – 360°
c	0° – 180°	180° – 360°

2.) Trotz seiner Primitivität kann dieses Häusersystem in der astrologischen Direktionstechnik eine Bedeutung haben. Die Ekliptik ist ja, wie wir in dieser Arbeit schon öfter erwähnten, die eigentliche Bezugsebene der Astrologie. Nach PEGIUS ist sie die *"Scheinbrecherin"*, über die z.B. Aspekte der sublunaren Natur vermittelt werden. Aspekte werden ja im allgemeinen nicht zwischen den Planeten direkt (auf dem sie verbindenden Großkreis), sondern auf der Ekliptik gemessen. Wenn der Projektion auf die Ekliptik eine so große Bedeutung zukommt, dann könnte auch die Frage: "Wann erreicht ein Punkt mit Länge λ_P, Breite β_P durch die Erddrehung den *ekliptikalen Längengrad* des Signifikators?" in der Direktionstechnik zu signifikanten Direktionsbögen führen. Nach Kenntnis des Verfassers gibt es allerdings (noch?) keine empirischen Studien über eine solche 'ekliptikale Führung'.

Das äquatoriale System des ALCABITIUS

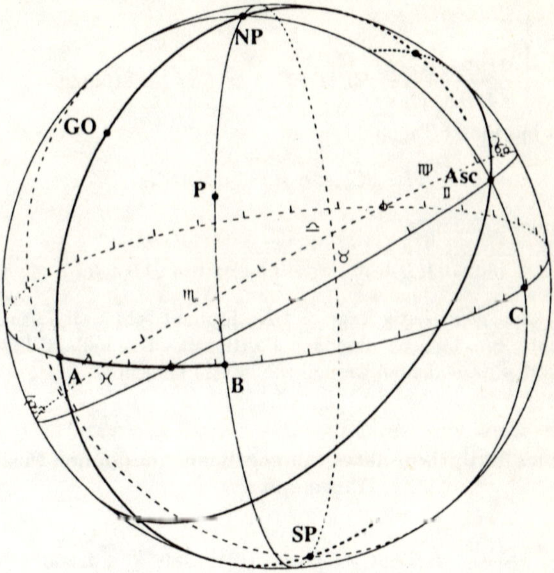

Das Häusersystem des ALCABITIUS teilt einfach die Abstände in Rektaszension zwischen ASC, MC, DSC, IC. Die Positionslinien des zugehörigen mundanen Positionskonzepts sind dann die *Meridiane.*

Die Abbildung zeigt, wie nach ALCABITIUS vorzugehen ist, um die mundane Position eines Himmelspunktes P zu bestimmen: Man fällt zunächst — mit Hilfe eines Meridians — das Lot von P auf den Äquator. Das ergibt den Punkt B als Lotfußpunkt. Die mundane Position ergibt sich dann, indem man den Bogen AB vom Fußpunkt des MC bis zum Punkt B mit dem Bogen AC, dem Halbbogen des Aszendenten, ins Verhältnis setzt.

Man sieht, daß das System unnatürlich ist: Punkte, deren Rektaszension zwischen der des MC und der des Aszendenten liegt, gehören nach Alcabitius in den IV. Quadranten — obwohl es in diesem Bereich oberhalb ebenso wie unterhalb des Horizonts befindliche Punkte gibt.

Mundane Position

$$\mu = \begin{cases} \dfrac{\alpha - t}{HBASC_T} \cdot 90° + 270° & \text{für "Tagpunkte"} \\[2ex] \dfrac{180° + \alpha - t}{HBASC_N} \cdot 90° + 90° & \text{für "Nachtpunkte"} \end{cases} \tag{52}$$

Dabei heißt ein Punkt Tagpunkt, wenn

$$t - HBASC_T < \alpha < t + HBASC_T,$$

und Nachtpunkt, wenn

$$t + 180° - HBASC_N < \alpha < t + 180° + HBASC_N.$$

Ein Punkt kann gleichzeitig Tag- und Nachtpunkt sein. Man erhält für solche Punkte verschiedene mundane Positionen. Die halben Tag- und Nachtbögen des Aszendenten werden wie in (11) berechnet.

Länge eines Ekliptikpunktes bei gegebener mundaner Position Häuserspitzen

$$\alpha = \begin{cases} \dfrac{\mu - 270°}{90°} \cdot HBASC_T + t & 180° \leq \mu < 360° \\[2ex] \dfrac{\mu - 90°}{90°} \cdot HBASC_N + t + 180° & 180° \leq \mu < 360° \end{cases} \tag{53}$$

Die gesuchte ekliptikale Länge ergibt sich dann aus α mit der allgemeinen Formel (2).

Rektaszension bei gegebener mundaner Position und Deklination

Die Rektaszension bei vorgegebenem μ und δ ist hier konstruktionsgemäß von δ unabhängig. Es ist einfach die in (53) aus μ berechnete Rektaszension α. Das zugehörige Direktionsverfahren sind die Direktionen "nach gerader Aufsteigung": Man berechnet den Direktionsbogen am zweckmäßigsten ohne Umweg über die mundane Position als Differenz der geraden Aufsteigungen:

$$DB = \alpha_{Prom} - \alpha_{Sig} \tag{54}$$

Das Geburts-Orts-Häuser-System des Dr. Koch

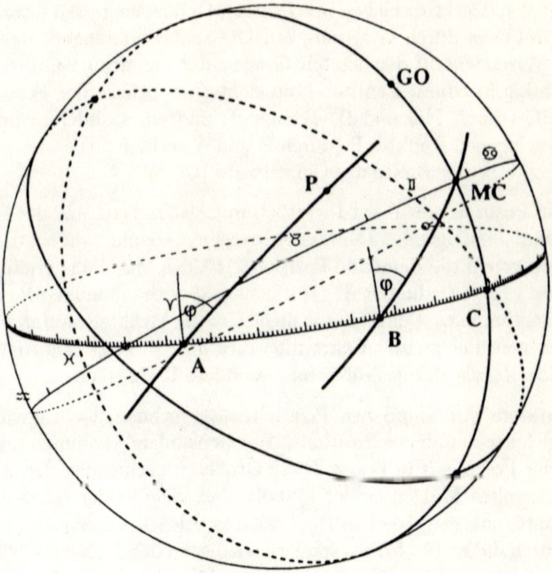

In diesem, von DR. KOCH propagierten (und von ZANZINGER und SPECHT erfundenen) System ist das Prinzip:

> *Alle zur Berechnung verwendeten Positionskreise sollen die Polhöhe des Geburtsortes bekommen.*

Während normalerweise nur der Positionskreis des Aszendenten, der Horizont, diesen Winkel zum Äquator bildet, sollen hier auch Deszendent, MC und IC und alle Häuserspitzen die Polhöhe φ bekommen.

MC, IC und DSC sind demnach nicht als Schnittpunkt von Meridian bzw. Horizont mit dem Äquator gegeben – das sind sie natürlich *auch* –, sondern durch fiktive Positionskreise der konstanten Polhöhe φ bestimmt zu denken, die man sich als "künstliche Horizonte" denken kann (sie sind nichts anderes als längs des Äquators verschobene Horizonte).

In der Abbildung sehen wir wie üblich Äquator (mit Gradmarkierungen), Ekliptik (mit den Tierkreiszeichen beschriftet), Geburtsmeridian (stark gezeichneter Großkreis durch GO) und, auf GO senkrechtstehend, den Horizont. Der Aszendent in den letzten Graden der Jungfrau befindet sich in der unsichtbaren Himmelshälfte. Man sieht auch Stücke der Positionskreise des MC (durch MC und B verlaufend) und eines anderen, im III. Quadranten gelegenen Punktes P (durch P und A verlaufend) — beide mit der Polhöhe φ, d.h. der Breite des Geburtsorts (GO).

Die mundane Position von P wird letztlich mittels Dreisatz aus der Rektaszension seines aufsteigenden Punktes A berechnet — und zwar so, daß die Rektaszension von B die mundane Position 270° des Meridians ergibt, die Rektaszension t+90° (=die OA des Horizonts) aber die mundane Position 0 des Aszendenten, usw. Der Äquator dient also als Meßkreis, auf dem mit Proportionen gerechnet wird. Führt man dies aus, so zeigt sich, daß der *Halbbogen des MC* als Bezugsgröße eine besondere Rolle spielt.

In diesem System mit mundanen Positionen zu rechnen, ist fragwürdig: Als Linien gleicher mundaner Position ("Positionslinien") kommen nur die Großkreise der Polhöhe φ in Frage. Diese Großkreise schneiden den Äquator aber ein zweites Mal unter der Polhöhe $-\varphi$. Die in der Nähe dieses zweiten Schnittpunktes gelegenen Punkte eines solchen Großkreises sollen aber nicht durch diesen Großkreis, sondern wiederum durch einen Großkreis der Polhöhe $+\varphi$ bestimmt sein. Um zu einem konsistenten Bild zu gelangen, darf man für jeden Großkreis der Polhöhe φ nur diejenigen Punkte zu einer mundanen Positionslinie zusammenfassen, die weniger als 90° vom zweiten Schnittpunkt mit dem Äquator (unter der Polhöhe $-\varphi$) entfernt sind.

Ein Planet, der schon kulminierte, kann bei Koch ins X.Haus fallen (im Bild zum Beispiel die Punkte in dem von B, C und MC aufgespannten Dreieck). Ebenso kann ein Planet, der noch nicht untergegangen ist, ins VI. Haus fallen, etc. Der Begriff "mundane Position" verliert also seine Bedeutung.

Trotz dieser Inkonsistenzen geben wir hier die Formeln für die mundane Position, aus Gründen der Vollständigkeit, und weil einige Astrologen, z.B. W. Knappich, *Direktionen nach Koch* berechnen.[34]

---

[34]Um Übereinstimmung mit der Literatur zu erreichen, werden bei diesen Formeln auch negative Polhöhen zugelassen, obwohl dies nicht mit unserer Definition der Polhöhe übereinstimmt.

Mundane Position

$$\sin ADMC = \tan\varepsilon \tan\varphi \sin t \tag{55}$$

$$HBMC_{T/N} = 90° \pm ADMC \tag{56}$$

$$\mu = \begin{cases} \left(\dfrac{MD_T - (AD - ADMC)}{HBMC_T} - 1\right) \cdot 90° & \text{für "Ostpunkte"} \\ \left(\dfrac{MD_N + (AD + ADMC)}{HBMC_T} + 1\right) \cdot 90° & \text{für "Westpunkte"} \end{cases} \tag{57}$$

Bemerkungen

1.) Man erhält μ im Bereich zwischen $-90°$ und $+270°$.
2.) Ein Punkt gilt als Ostpunkt, wenn sich seine OA unter der Polhöhe φ im Bereich

$$t + 90° - HBMC_T \leq OA \leq t + 90° + HBMC_T$$

befindet. Er gilt als Westpunkt, wenn sie sich im Bereich

$$t + 270° - HBMC_T \leq OA \leq t + 270° + HBMC_T$$

befindet. Ein Punkt kann gleichzeitig Ost- und Westpunkt sein. Man erhält dann verschiedene mundane Positionen.

Länge eines Ekliptikpunktes bei gegebener mundaner Position

Mit dem auf den Bereich $-180° \leq \mu \leq 180°$ reduzierten Wert von μ berechnet man zuerst die OA bzw. OD mit

$$OA = t + 90° + \mu + \frac{\mu}{90°} \cdot ADMC \quad \text{für Ostpunkte} \tag{58}$$

$$OD = t + 90° + \mu + \left(\frac{\mu}{90°} - 2\right) \cdot ADMC \quad \text{für Westpunkte} \tag{59}$$

Ein Punkt ist Ostpunkt, wenn $-90° \leq \mu \leq +90°$, sonst Westpunkt. Mit dem erhaltenen Wert für OA bzw. OD und der Polhöhe φ des Geburtsortes berechne man nun die ekliptikale Länge nach der allgemeinen Formel (12):

$$\cot\lambda = \cos\varepsilon \cot OA - \frac{\sin\varepsilon \tan\pi}{\sin OA} \tag{60}$$

Für die Berechnung der Häuserspitzen sind die Werte $\mu = 30°$, $60°$, etc. zu verwenden.

Rektaszension bei gegebener Deklination und mundaner Position

1.) Berechne die OA bzw. OD zur mundanen Position gemäß (58) oder (59).
2.) Berechne die AD zur Deklination:

$$\sin AD = \tan\delta \tan\varphi.$$

3.) Dann ist:

$$\begin{array}{rcl} \alpha & = & OA + AD \\ \text{bzw.} \quad \alpha & = & OD - AD \end{array} \tag{61}$$

Bemerkung

In der *Anwendung auf Direktionen* ist es beim Koch-System unnötig, die Mundanposition des Signifikators zu bestimmen. Vielmehr kann man den Direktionsbogen sofort als Differenz der schiefen Aufsteigungen bestimmen:

$$DB = OA_{Prom} - OA_{Sig} \tag{62}$$

Dies gilt für West- wie Ostpunkte (auf dem Weg über μ erhält man natürlich dasselbe Ergebnis). In dieser Form werden diese Direktionen "nach schiefer Aufsteigung" auch von anderen Astrologen vertreten.

Die Himmelsrichtung als mundane Position

Es ist ein eigenartiger Mangel der Gegenwartsastrologie, daß sie zwar massiven Gebrauch vom ekliptikalen und äquatorialen Koordinatensystem macht, das durch Azimut (= Himmelsrichtung) und Höhe gegebene *Koordinatensystem des Standorts*[35] dagegen fast völlig ignoriert. So gibt es immer noch Astrologen, die glauben, das MC sei der höchste Punkt der Ekliptik oder der ASC ihr Ostpunkt. Diese Unkenntnis der Standortkoordinaten ist umso verwunderlicher, als die Himmelsrichtung gerade im vorwissenschaftlichen, magischen Bewußtsein, dem wir die Begründung der Astrologie zuschreiben, stets eine große Rolle spielte: dies zeigen z.B. die alten kultischen Bauwerke (Stonehenge, Pyramiden) oder die Ausrichtung magischer Rituale nach den Himmelsrichtungen.

Erst in jüngster Zeit ist man daran, diesen Mangel zu bemerken und die Himmelsrichtung in einer *Astrologie des Standorts* (COZZI) zu integrieren ([Co]).

Rein technisch handelt es sich darum, der Himmelsteilung nicht mehr den Weg eines Gestirns über Aufgang, Kulmination und Untergang zugrundezulegen, sondern die verschiedenen Himmelsrichtungen, die es auf seinem Weg relativ zum Beobachter einnimmt. Im wesentlichen übernimmt dabei das Azimut die Rolle der mundanen Position μ. Insbesondere wird der Aszendent, weil er eben nicht mit dem Ostpunkt der Ekliptik übereinstimmt, vom Häusersystem entkoppelt und zu einem sensitiven Punkt der Ekliptik, der sich z.B. im XII. oder I. Haus befinden kann.

Die Spitze des I. Hauses ist nicht mehr der Aszendent, sondern eben jener Ostpunkt der Ekliptik, dem wir mit W. KOCH den Namen *Eos*, der Morgen, geben (im angelsächsischen Raum kursiert der nichtssagende Name "Anti-Vertex"). Analog wird der Westpunkt *Hespera*, der Abend (statt: "Vertex") zur Spitze des VII. Hauses erklärt. MC und IC behalten weiterhin ihre Funktionen als Spitze des X. und IV. Hauses.[36]

Besonders empfehlenswert ist das azimutale Häusersystem für *Horoskope in polnahen Gebieten.* Oberhalb der Polarkreise verliert der Aszendent seine Beziehung zum MC: er kann in Konjunktion mit MC oder IC geraten, rückläufig werden und über Stunden fast am gleichen Ort verbleiben.

---

[35] auch *topozentrisches System* genannt, nicht zu verwechseln mit dem gleichnamigen Häusersystem von POLICH und PAGE.

[36] Zu bemerken ist, daß sich der Name "Ostpunkt" leider für einen von Aszendent und Eos verschiedenen Ekliptikpunkt eingebürgert hat, den man als das MC der um sechs Stunden vorgerückten Sternzeit berechnet. Der Name ist irreführend, denn dieser "Ostpunkt" steht keineswegs im Osten.

Zwar sind außer dem Placidussystem mit seinen Varianten noch alle Häusersysteme rein rechnerisch durchführbar, die Häuserteilung entartet aber zur "Karikatur eines Horoskops" (KNAPPICH). Eine Teilung des Himmels nach Auf- und Untergang hat wenig Sinn, wenn man an den bei zunehmender Breite auf bis zu 6 Monate anwachsenden Sommer-"Tag" denkt. Um dennoch die 24stündige Erdrotation zur Grundlage der Himmelsteilung zu machen, ist das Azimut die natürliche Wahl.

Das azimutale Häusersystem steht in formaler Parallele zum System des CAMPANUS. Für einen nördlich vom Wendekreis des Krebses gelegenen Geburtsort gilt: Geht man von der Breite zur *Co-Breite* $\varphi - 90°$ über, so stimmen die bei gleicher Sternzeit berechneten Campanushäuser zur Co-Breite mit den azimutalen Häusern zur ursprünglichen Breite überein.

Die folgenden Formeln zur mundanen Position gestatten es leicht, nicht nur die azimutalen Häuserspitzen zu berechnen, sondern auch mit dem Azimut zusammenhängende Fragen zu beantworten wie: "Welcher Ekliptikpunkt befindet sich genau im Südwesten", "wann steht Mars genau im Osten", "in welcher Himmelsrichtung steht Pluto", etc. Die mundane Position korrespondiert mit der Himmelsrichtung gemäß der folgenden Tabelle:

μ	0°	45°	90°	135°	180°	225°	270°	315°
MC in S	O	NO	N	NW	W	SW	S	SO
MC in N	O	SO	S	SW	W	NW	N	NO

Je nachdem, ob das MC im Norden oder im Süden steht, läuft die mundane Position gleich- oder gegensinnig mit dem Azimut. Dies macht es erforderlich, in den Formeln eine Konstante σ einzuführen, die den Wert $+1$ hat, wenn das MC im Süden steht, andernfalls -1. Für die Programmierung auf einem Computer berechnet man σ zweckmäßig wie folgt:

$$\sigma = \operatorname{sgn}(\tan\varphi - \tan\varepsilon \sin t) \tag{63}$$

Beziehungen zwischen mundaner Position, Polhöhe und OA

$$\sin\pi = -\operatorname{sgn}\varphi \cos\mu \cos\varphi \tag{64}$$

$$\tan(OA - t) = -\sigma \cot\mu \sin\varphi \tag{65}$$

$$\sin(OA - t) = -\tan\pi \tan\varphi \tag{66}$$

$$\sin(\alpha - OA) = \tan\delta \tan\pi \tag{67}$$

Die Mehrdeutigkeit der Formeln (65) und (66) wird durch folgende Tabelle beseitigt:

μ	0° – 180°	180° – 360°
$OA - t$	90° – 270°	270° – 90°

Mundane Position eines Himmelspunktes

$$\tan\mu = \sigma \cdot \frac{\cos\varphi\sin\delta - \sin\varphi\cos\delta\cos(\alpha - t)}{\cos\delta\sin(\alpha - t)} \tag{68}$$

$$x = \sigma \cdot \operatorname{sgn}\varphi \cdot (\tan\delta\cot\varphi - \cos(\alpha - t)) \tag{69}$$

Bemerkungen

1.) Es werden die äquatorialen Koordinaten α, δ des Himmelspunktes benötigt. Diese müssen ggf. erst mit (1) und (5) aus den ekliptikalen Koordinaten berechnet werden.
2.) Formel (68) liefert zwei mögliche Werte für μ. Das Vorzeichen von x aus (69) bestimmt, welcher Wert der richtige ist:

x	> 0	< 0
μ	0° – 180°	180° – 360°

Länge eines Ekliptikpunktes bei gegebener mundaner Position

Zunächst ist mit den Formeln (64) und (65) Polhöhe und OA zu bestimmen. Dann wird mit der allgemeinen Formel (12) die Länge ermittelt:

$$\cot\lambda = \cos\varepsilon\cot OA - \frac{\sin\varepsilon\tan\pi}{\sin OA} \tag{70}$$

Für die *Häuserspitzen* geht man genauso vor; es ist dann für das i. Haus die mundane Position $\mu = 30° \cdot (i - 1)$ zu nehmen.

Rektaszension bei gegebener Deklination und mundaner Position

Wieder werden Polhöhe und OA mit Formel (64) und (65) bestimmt. Mit Formel (67) erhält man dann α.

Morgenweite

$$\sin w = \frac{\sin \delta}{\cos \varphi} \tag{71}$$

Die Morgenweite eines Himmelspunktes gibt an, um wieviel er beim Aufgang von der Ostrichtung absteht. Die Formel ist nur sinnvoll, wenn $|\delta| + |\varphi| < 90°$, d.h. wenn der Punkt nicht zirkumpolar ist.

Morgenweite eines Ekliptikpunktes

$$\sin w = \frac{\sin \varepsilon \sin \lambda}{\cos \varphi} \tag{72}$$

Eos und Hespera (=Anti-Vertex und Vertex)

$$\cot \lambda = -\tan t \cos \varepsilon + \frac{\sin \varepsilon \cot \varphi}{\cos t} \tag{73}$$

Dies ergibt die Länge von Eos, dem Ostpunkt der Ekliptik. Hespera ist der Gegenpunkt. Die Mehrdeutigkeit des cot wird wie folgt aufgelöst:

t	90° – 270°	270° – 90°
λ	180° – 360°	0° – 180°

Höchster Punkt der Ekliptik

Es ist leicht einzusehen, daß *der Fußpunkt des vom Zenit auf die Ekliptik gefällten Lotes* unter allen Ekliptikpunkten die größte Höhe aufweist. Die Länge dieses Punktes ergibt sich daher als ekliptikale Länge des Zenits (Koordinaten: $\alpha = t$, $\delta = \varphi$) mit Hilfe der Formel (7). Den Wert der maximale Höhe h_{max} berechnet man aus der ekliptikalen Breite β des Zenits durch $h_{max} = 90° - \beta$.

5 Problematisches

Neben dem Problem des mundanen Positionskonzepts und des Direktionsschlüssels gibt es noch einige untergeordnete problematische Punkte in der Direktionsberechnung, über die ebenfalls keine Einigkeit besteht. Untergeordnet deshalb, weil sie meist nur Modifikationen der Direktionsbögen in der Größenordnung von höchstens einem Grad mit sich bringen. Vielleicht können empirische Studien, ähnlich der in 3.6 angestellten Direktionsanalyse, hier Klarheit schaffen.

5.1 Die Berücksichtigung der Breite

Natürlich erhält man im allgemeinen verschiedene Direktionsbögen, wenn man die Breite eines Himmelspunktes bei der Direktionsberechnung mitberücksichtigt (siehe die im Beispiel gerechneten Bögen). Wer die Breite mitberücksichtigt, mag auf dem Standpunkt stehen, daß er nur die wirklichen, astronomisch exakten Positionen verwenden möchte.

Wer dagegen statt der Planeten nur deren Projektionen auf die Ekliptik als wirksam ansieht, wird geltend machen, daß der Ekliptik in der Astrologie eben eine besondere Rolle zukommt: Sie ist der Meßkreis, auf den alles bezogen wird. Der Planet ist wirksamer Horoskopfaktor nur insoweit er an dieser solaren Bezugsebene 'gebrochen' wird. Auch bei der Radixdeutung, etwa in der Aspektlehre, wird ja nicht der wirkliche Winkelabstand der Planeten verwendet, sondern die Differenz ihrer ekliptikalen Längen, und dies nicht aus Bequemlichkeit, sondern aus den genannten Gründen.

5.2 Breiten von Aspektstellen und Halbdistanzen

Wer sich entschlossen hat, überhaupt Breiten beim Dirigieren zu berücksichtigen, stößt sofort auf das nächste Problem: Welche Breite ist einer *Aspektstelle* eines mit Breite behafteten Himmelspunktes zuzuordnen? Es wäre unnatürlich, nur die Konjunktion mit Breite zu rechnen, alle übrigen Aspektstellen aber als Ekliptikpunkte zu behandeln.

Eine auf BIANCHINI zurückgehende Lösung ist, einen Großkreis durch den Himmelspunkt zu legen, der die Ekliptik in den Quadraturstellen schneidet und die Aspektpunkte dann als auf diesem Großkreis liegend zu betrachten. Ist A der Aspektwinkel und β die Breite des Himmelspunktes, so hat man als Breite β_A des Aspekts

$$\sin\beta_A = \sin\beta \cdot \cos A \qquad (74)$$

Für die klassischen Aspekte erhält man:

☌	⚹	□	△	☍
β	$\beta/2$	0	$-\beta/2$	$-\beta$

Eine andere Lösung, die auf MORIN zurückgehen soll, nimmt nicht den BIANCHINIschen Aspektkreis, sondern einen anderen, dessen Kardinalpunkt der Ephemeride entnommen wird: Man betrachtet die geozentrische Planetenbewegung näherungsweise als auf einem Großkreis gelegen und bestimmt den nahe beim Geburtszeitpunkt gelegenen Ort, an dem der Planet seine größte Breite hat. Den dadurch festgelegten Großkreis verwendet man wie eben zur Breitenbestimmung von Ekliptikstellen.

Ebenso stellt sich die Frage nach den *Breiten von Halbdistanzpunkten.* Ein Halbdistanzpunkt müßte streng geometrisch als Mittelpunkt auf dem verbindenden Großkreis berechnet werden.[37] Das geschieht mit folgenden Formeln: Seien (λ_1, β_1), (λ_2, β_2) die ekliptikalen Koordinaten der beiden Himmelspunkte, die man so numeriert, daß $0° \leq \lambda_2 - \lambda_1 \leq 180°$ wird. Man berechnet dann Distanz d und den 'Azimutwinkel' A, des zweiten vom ersten Punkt:[38]

$$\cos d = \sin\beta_1 \sin\beta_2 + \cos\beta_1 \cos\beta_2 \cos(\lambda_2 - \lambda_1) \quad (75)$$

$$\cot A = \frac{\tan\beta_2 \cos\beta_1}{\sin(\lambda_2 - \lambda_1)} - \cot(\lambda_2 - \lambda_1)\sin\beta_1 \quad (76)$$

Dabei werden für d und A jeweils die zwischen 0° und 180° liegenden Werte gewählt. Schließlich ergeben sich Länge und Breite (λ, β) des Halbdistanzpunktes durch

$$\sin\beta = \cos\frac{d}{2}\sin\beta_1 + \sin\frac{d}{2}\cos\beta_1\cos A \quad (77)$$

$$\cot(\lambda - \lambda_1) = \frac{\cos\beta_1 \cot\frac{d}{2}}{\sin A} - \cot A \sin\beta_1. \quad (78)$$

Man erhält so den *geometrischen Halbdistanzpunkt. Der geometrische Halbdistanzpunktes kann sich erheblich von der Ekliptik entfernen.* Das Verfahren liefert also Breiten, aber ihre Verwendbarkeit in der Astrologie fraglich.

Seien zum Beispiel zwei Punkte gegeben, deren Längen sich um genau 180° unterscheiden, deren Breiten aber – inklusive Vorzeichen – gleich sind. Der

[37] Dieser Meinung ist z.B. Kühr ([EK], S. 328).

[38] Dieser Azimutwinkel ist nicht mit dem topozentrische Azimut zu verwechseln, da hier nicht der Winkel zum Himmelsnordpol, sondern zum Ekliptiknordpol gemessen wird.

verbindende Großkreis verläuft in diesem Fall *über den Ekliptikpol*, und der Halbdistanzpunkt ist der Ekliptikpol selbst, hat also keine Länge. Dieser Oppositionsfall ist natürlich ein Extremfall. Nichtsdestotrotz kommt er in der Astrologie häufig vor.

Bemerkung. Die Formeln (75) bis (78) können verwendet werden, um den sphärischen Mittelpunkt zweier Punkte *in einem beliebigen Koordinatensystem* zu ermitteln. Statt ekliptikaler Länge und Breite kann man in obigen Formeln ebensogut Rektaszension und Deklination oder geographische Länge und Breite von Erdorten verwenden. Diese letzte Möglichkeit ist deshalb interessant, weil Ronald Davison empfiehlt, bei der Berechnung des *Combin*-Horoskops den sphärischen Mittelpunkt der beiden Geburtsorte zugrundezulegen (statt der üblichen arithmetischen Mittelbildung).

5.3 Parallaxe und Eigenbewegung des Mondes

Die Direktionen zum Mond bieten einige besondere Fragwürdigkeiten:

Die Ephemeridenpositionen des Mondes sind ja auf den Erdmittelpunkt berechnet. Soll der Mond so berechnet werden, wie er sich am Geburtsort wirklich zeigt, so müßte auch seine *Parallaxe* berücksichtigt werden, die bis zu einem Grad betragen kann. Gegen die Verwendung der Parallaxe mag allerdings eingewendet werden, daß auch sonst in der Astrologie nicht die scheinbaren Verhältnisse des Himmels am Geburtsort betrachtet werden: So wird z.B. die atmosphärische Brechung des Lichts nicht berücksichtigt; andererseits werden auch die unter dem Horizont stehenden, unsichtbaren Planeten mit berücksichtigt. Diese Vorgehensweise ist sowieso nur begreiflich, wenn man zwischen Sternenhimmel und Mensch noch einen vermittelnden Faktor annimmt, den man mit Kepler die *sublunare Natur* oder Erdseele nennen mag.

Die Parallaxe wird mit den folgenden Formeln berechnet: Seien α, δ die unkorrigierten Äquatorialkoordinaten des Mondes, also seine Position vom Erdmittelpunkt aus. r bezeichne seinen Abstand vom Erdmittelpunkt in Erdradien. Sei φ die geozentrische Breite des Beobachters und t die Sternzeit. Die neuen, korrigierten Mondkoordinaten seien mit r', α', δ' bezeichnet. Sie ergeben sich durch Vektoraddition in Kugelkoordinaten:

$$x = r' \cos\delta' \cos\alpha' = r\cos\delta\cos\alpha - \cos\varphi\cos t \quad (79)$$

$$y = r' \cos\delta' \sin\alpha' = r\cos\delta\sin\alpha - \cos\varphi\sin t \quad (80)$$

$$z = r' \sin\delta' = r\sin\delta - \sin t \quad (81)$$

Um hieraus α' und δ' zu ermitteln, berechnet man zuerst x, y, z und $r' =$

$\sqrt{x^2+y^2+z^2}$. Daraus folgt dann δ' durch

$$\sin\delta' = \frac{r\sin\delta - \sin t}{r'}$$

und α' durch

$$\tan\alpha' = y/x.$$

Die Mehrdeutigkeit des arctan wird dabei durch die folgende Tabelle behoben:

x	≥ 0	≤ 0
α'	270° bis 90°	90° bis 270°

Wenn Direktionen sich einige Stunden vor oder nach der Geburt ereignen, so kann auch die *Eigenbewegung* des Mondes als Promissor nicht mehr vernachlässigt werden, der sich in zwei Stunden = 30 Äquatorgraden um etwa ein Grad weiterbewegt. Eine rein *geometrische* Direktionsauffassung, die Direktionsbögen aus der Geometrie des Geburtshoroskops allein berechnet (wie z.B. die GOLDMAYERsche) bleibt durch diesen Einwand allerdings unberührt.

Man berechnet die Eigenbewegung *iterativ* (d.h. durch Wiederholungsrechnung): Zuerst bestimmt man den fraglichen Direktionsbogen, *ohne* die Eigenbewegung zu berücksichtigen; diesen rechnet man in Zeit um ($1° = 3^m56^s$) und ermittelt mithilfe der Ephemeriden, um wieviel sich der Mond inzwischen weiterbewegt hat (bei conversen Direktionen Vorzeichen beachten!). Die so entstehende Mondposition ergibt Korrekturen an den Koordinaten des Promissors (der ein Aspektpunkt des Mondes sein muß). Mit den neuen Promissorkoordinaten berechnet man wieder den Direktionsbogen, usf. Nach zwei Iterationen hat man Bogenminutengenauigkeit erreicht.

Ein weiterer problematischer Punkt bei Direktionen mit dem Mond ist — ebenso wie bei der Sonne — der *Durchmesser*, der für Sonne und Mond jeweils etwa 30 Bogenminuten beträgt. Es stellt sich die Frage, wann die Direktion zu einem der 'Lichter' Sonne und Mond wirksam wird: Wenn der Rand des Lichtes berührt wird — oder erst beim Erreichen von dessen Mittelpunkt? Der Fehler im Direktionsbogen, der sich bei einer Direktion zum Mond ergibt, liegt nicht etwa nur bei 15 Bogenminuten, sondern kann wegen der schrägen Projektion der Mondscheibe auf den Äquator (mit der Polhöhe des Signifikators) in unseren Breiten ein halbes Grad und mehr betragen. Erich Carl Kühr hat dieses Problem in seinem Buch *Berechnung der Ereigniszeiten* behandelt ([EK], S.295 f.).

5.4 Geographische oder geozentrische Breite

Die Erde ist bekanntlich keine Kugel, sondern hat die Form eines *Geoids*, eines abgeplatteten Rotationsellipsoids. Es folgt, daß die Verbindungslinie eines Erdortes mit dem Erdmittelpunkt nicht genau senkrecht auf der Horizontebene des Ortes steht, m.a.W. der vom Erdmittelpunkt aus gemessene Winkelabstand zum Äquator, die *geozentrische Breite* φ_z, ist nicht gleich dem Winkel der Zenitachse des Erdortes zum Äquator, der *geographischen Breite* φ_g. Die Umrechnung erfolgt nach der einfachen Formel

$$\tan\varphi_z = (1 - e^2)\tan\varphi_g, \tag{82}$$

wobei $e = 0.081821$ die Exzentrizität des Geoids ist. Der Unterschied zwischen geographischer und geozentrischer Breite wird für mittlere Breiten maximal und beträgt dort etwa zwölf Bogenminuten.

Einige Astrologen glauben nun, statt der üblicherweise verwendeten geographischen Breite (diese wird auch in Atlanten und Städtetabellen benutzt) die geozentrische Breite benutzen zu müssen. Es gibt allerdings keinen vernünftigen Grund dafür: Um den Aszendenten zu berechnen, ist einzig und allein die geographische Breite die richtige, denn nur diese gibt die Neigung der Horizontebene zum Äquator an. Die geozentrische Breite liefert dagegen die Neigung einer fiktiven, auf der Verbindungslinie mit dem Erdmittelpunkt senkrecht stehenden Ebene statt der wirklichen Horizontebene.

6 Literaturverzeichnis

[AP] A. v. PRONAY, *Astrologische Direktionen – verständlich und praktisch*, Bietigheim o. J.

[Ba] H. BAUMGARTNER, *Schnittpunkte Deutungstabelle*, Sonderdruck 16, Warpke o.J.

[Be1] H. BESSLER, mündliche Mitteilung, 1993.

[Be2] H. BESSLER, *Das magische Weltbild der Astrologie I,II*, Unicorn, Zeitschrift für Magie und Mythos, Heft 1 und 2, Bonn 1982.

[Be3] H. BESSLER, Brief an den Verfasser, 24.2.1988.

[BF] W. BARTSCH, *Taschenbuch mathematischer Formeln*, Leipzig 1994.

[BP] K. BRANDLER-PRACHT, *Die Lehre von den astrologischen Direktionen*, Astrologische Kollektion zum Selbststudium, Band IV, Berlin 1922.

[Co], S. COZZI, *Astrologie des Standorts*, Mössingen 1995.

[EK] E. C. KÜHR, *Berechnung der Ereigniszeiten*, Görlitz 1936.

[EK2] E. C. KÜHR, *Aspektanalyse*, Görlitz 1936.

[EN] H. J. EYSENCK, D. NIAS, *Astrologie: Wissenschaft oder Aberglaube?*, München 1984.

[Fa] A. FANKHAUSER, *Das wahre Gesicht der Astrologie*, Zürich 1952.

[Gl] F. GLAHN, *Erklärung und systematische Deutung des Geburtshoroskops*, Berlin 1926.

[Ha] R. HAND, *Das Buch der Transite*, München 1992.

[HG] H. S. GREEN, *Direktionen*, Alan Leo's Astrologische Lehrbücher, Nr. 5, Bietigheim 1971.

[Hj] J. HJELMBORG, *Heinrich Kündigs Korrektur- und Progressionsmethode*, Astrologie Heute **17** (1989), 12-16.

[HK] H. KORSCH, *Umrechnung des Direktionsbogens in Zeit*, Zenit **3**(1930), 89-92.

[IHL] H. H. TAEGER, *Internationales Horoskope-Lexikon*, Freiburg i.Br. 1993.

[Ke] J. KEPLER, *Tertius Interveniens*, Frankfurt 1610.

[Ke2] STRAUSS UND STRAUSS-KLOEBE, *Die Astrologie des Johannes Kepler*, München 1926 (enthält die Wallenstein-Horoskope).

[Kl] H. FRHR. V. KLOECKLER, *Kursus der Astrologie*, Freiburg 1980.

[KK] KOCH UND KNAPPICH, *Horoskop und Himmelshäuser*, Göppingen 1959.

[KP] H. KÜNDIG, *Astrologische Prognose*, Schwarzenburg 1976 (Neuauflage).

[Me] B. A. MERTZ, *Schicksalspunkte im Horoskop*, Edition Astrodata, CH-Wettlach 1991.

[Mo] J. B. MORIN DE VILLEFRANCHE, *Astrologia Gallica*, Band 21, Chiron Verlag Mössingen, in Vorbereitung.

[Pa] E. G. PARIS, *Der Schlüssel zur Prognose*, Urania Blaue Reihe.

[Pe] A. PEARCE, *The Textbook of Astrology*, London 1911.

[Pl] PLACIDUS DE TITIS, *Physiomathematica sive coelestis philosophia*, Padua 1650.

[Pt] C. PTOLEMÄUS, *Tetrabiblos*, Mössingen 1994.

[Pt2] C. PTOLEMÄUS, Opera Omnia, vol. III.2, ed. Fr. Lammert, A. Boer, Leipzig 1961.

[Sch] G. SCHWICKERT, *Die Direktionslehre*, Qualität der Zeit **45-46** (1983).

[SW] SINDBAD UND WEISS, *Die astrologische Synthese*, Bausteine der Astrologie, Band II, München-Planegg 1935,
Primärdirektionen, Bausteine der Astrologie, Band V, München-Planegg 1935.

[SW1] CH. SCHUBERT-WELLER, *Die astrologische Geburtszeitkorrektur*, München 1989.

[To] W. TOMSITS, email an den Verfasser, 27.2.96.

[UV] U. VOLTMER, *Grundsatzfragen und Anregungen zur astrologischen Prognose*, Meridian **2** (1989), S. 34-40.

[vW] B. L. V. D. WAERDEN, *Die Anfänge der Astronomie*, Basel 1968.

[WK1] W. KNAPPICH, *Entwicklung der Horoskoptechnik vom Altertum bis zur Gegenwart*, Qualität der Zeit **38-39** (1978).

[WK2] W. KNAPPICH, *Geschichte der Astrologie*, Frankfurt am Main 1967.

[WS] Z. WASSILKO-SERECKI, *Was sind Direktionen wirklich?*, Tradition und Fortschritt der klassischen Astrologie, **2** (1950).

Lianella Livaldi Laun

Jahresthemen im Horoskop

Das Solar in sieben Schritten

112 Seiten, kartoniert, 32 Abbildungen

Reihe Aspekte der Astrologie

ISBN 3-925100-25-3

Dieses Buch gibt dem Anfänger einen leicht nachvollziehbaren Einstieg in die Solartechnik und eröffnet dem Astrologen neue Ansätze für die Arbeit mit dem Jahreshoroskop. Die Frage nach den zukünftigen Trends spielt in der Astrologie immer eine große Rolle. Neben der Beobachtung der Transite kommt dabei dem Solarhoroskop ganz besondere Bedeutung zu. Ein Solar wird auf den jeweiligen wiederkehrenden Geburtstag berechnet und ermöglicht die prognostische Vorschau auf das kommende Jahr.

Die Autorin arbeitet seit vielen Jahren erfolgreich mit dieser Methode und gibt einen Einblick in die praktische Handhabung der Technik. Sie führt den Leser in sieben Schritten an die Deutung des Solars heran. Anhand zahlreicher Beispiele ermöglicht sie dem Leser die Ausarbeitung der Jahresthemen und berücksichtigt dabei auch die neuen Faktoren Chiron und Lilith.

Einmalig ist ihre Einführung der Solartechnik in die Partnerschaftsastrologie. Sie illustriert die Anwendung des Solars auf ein Begegnungshoroskop und auf ein Kombin. Dabei gelangt sie zu ganz neuen und für das wechselseitige Miteinander sehr fruchtbaren Ergebnissen.

Christoph Schubert-Weller

Wege der Astrologie

Schulen und Methoden im Vergleich

420 Seiten, Leinen, 64 Abbildungen

ISBN 3-925100-22-9,

Noch immer ist es weitgehend so, daß der angehende Astrologe nach einer ganz bestimmten Schulrichtung lernt und zeit seines Lebens bei eben dieser Methode bleibt, ohne sich allzu viel nach links oder rechts umzuschauen. *Die* Astrologie als solche existiert jedoch nicht. Es gibt verschiedene Schulen und Systeme, die oft nur intern bekannt geworden sind und deren Literatur zum Teil schwer zugänglich ist. Bei der mittlerweile recht offenen Forschungssituation aber ist Austausch zwischen einzelnen Schulrichtungen, sowie die gegenseitige Kenntnisnahme zu einem Muß geworden.

Die vorliegende Monographie bietet erstmals eine Gesamtorientierung über die vielen Ansätze in der Astrologie und stellt deren Lehrmeinungen im Vergleich vor. Dadurch erschließt sich dem in einer Schule fortgeschrittenen Anfänger wie auch dem forschenden Astrologen die Vielfalt der astro-logischen Methoden. Anhand zahlreicher Tabellen und Abbildungen lassen sich die verschiedenen Wege der Astrologie gut nachvollziehen und überprüfen. Durch den systematischen Aufbau eignet sich das vorliegende Werk auch ausgezeichnet als Einführung in die Astrologie.

Steve Cozzi

Die Astrologie des Standortes

und ihre Bedeutung im Geburtshoroskop

320 Seiten, gebunden mit Schutzumschlag, 57 Abb.

ISBN 3-925100-13-X

Kosmische Einflüsse durchdringen jeden Aspekt unseres Lebens, selbst unseren Bezug zum Wohnort oder die Art und Weise, wie wir unser alltägliches Umfeld organisieren. Das vorliegende Buch bietet erstmalig eine eingehende Untersuchung des Raumes aus astrologischer Sicht und füllt damit eine Lücke in der bisherigen Literatur. Die Standortastrologie betrachtet die Planeten auf dem irdischen Horiziont, der Geborene steht wie die Nabe eines Rades in der Mitte und von ihm strahlen die Planeten in verschiedene Himmelsrichtungen aus. Das Standorthoroskop ermöglicht damit die astrologische Untersuchung von Wohnung, Haus, Stadt und Land, aber auch von Umzügen. Das Besondere dabei ist, daß immer das Individuum im Mittelpunkt steht. Auf diese Weise wird eine Verbindung zwischen Mensch, Raum und Richtung geschaffen. Cozzi beläßt es jedoch nicht bei der Theorie, denn er bietet ausführliche Deutungstexte und eine Vielzahl an Tabellen zur Untersuchung der persönlichen Planetenlinien. Außerdem stellt er alle derzeit gebräuchlichen Methoden der Geoastrologie vor, angefangen vom einfachen Relokationshoroskop, über die Astro*Karto*Graphie bis hin zu geodätischen Gittersystemen.

Ira Gertrud Vieth

Das Große Kreuz im Horoskop

Die Auslösungsdynamik von Transiten

192 Seiten, gebunden, 70 Abb.

ISBN 3-925100-18-0

Wenn die Planeten von zwei Oppositionen Quadrate zueinander bilden, ergibt sich ein sogenanntes Großes Kreuz. Diese Kombination von Winkeln wird in der Regel als äußerst schwierig empfunden. Andererseits liefert die Konvergenz der Kräfte, die hier erzeugt wird, oft auch die notwendige zusätzliche Energie, um ein besonders zielstrebiges Leben zu führen. Die astrologische Einschätzung der Wirkung eines Großen Kreuzes pendelt zwischen den Extremen Fluch und Segen. Wie kann man hier zu der richtigen Deutung gelangen?

Die Autorin stellt hierfür erstmalig eine praktische Arbeitsmethode vor. Da nicht alle Planeten des Großen Kreuzes gradgenau stehen, werden diejenigen mit der niedrigsten Gradzahl zuerst transitiert. Die Transitfolge des Großen Kreuzes kennt demnach einen Anfang und ein Ende. Die Qualität des letzten Planeten der Aspektkette bedingt einen erheblichen Unterschied für die Auswirkung. Zum Beispiel bringt Jupiter am Ende der Aspektfigur eher eine Belohnung, während Uranus vielleicht eine plötzliche Wende herbeiführt.

Das Buch stellt die Dynamik der Transitauslösung an 60 Beispielen vor. Darüberhinaus ist ein Anleitung für die praktische Arbeit enthalten. Ausführlich wird die Wirkungsweise in kardinalen, fixen und veränderlichen Häusern beschrieben, jeweils unter Berücksichtung der verschiedenen Anfangs- und Endpunkte. Dies eröffnet jedem Leser ein völlig neues Verständnis der Transite.

Robert von Heeren und Dieter Koch

Pholus

Wandler zwischen Saturn und Neptun

Die Wende ins Unerwartete

320 Seiten, gebunden mit Schutzumschlag, 20 Abb.
Ephemeriden 1900 - 2020
ISBN 3-925100-20-2

Am 9. Januar 1992 wurde das äußerst ungewöhnliche Objekt "1992 AD" entdeckt, dem man später den Namen *Pholus* gab. Bei einer Umlaufzeit von 92 Jahren kreuzt er die Saturnbahn nach innen und überschreitet bei Sonnen-ferne sogar die Neptunbahn nach außen. Er ist weder den Asteroiden, noch den Kometen eindeutig zuzuordnen. Auch die Mythologie um Pholus ist rätselhaft: Als einziger gutmütiger und zivilisierter Kentauer neben Chiron, nimmt sein Leben ein merkwürdig abruptes Ende. Nach dem wilden Kentaurenkampf, in dem Herakles die meisten Kentauren mit seinen Giftpfeilen tötete und versehentlich auch Chiron unheilbar verwundete, zieht Pholus aus Faszination einen Pfeil aus einer Kentaurenleiche. Der Pfeil entgleitet ihm und tötet ihn unverzüglich.

Wissenschaftlich fundiert analysieren die Autoren die ungewöhnlichen astronomischen Eigenschaften. Mit Sachkenntnis ergründen sie anhand eigener Neuübersetzungen die Quellentexte zu Chiron und Pholus. Die astrologische Qualität wird jedoch nicht nur theoretisch abgeleitet, sondern mittels intensiver Transitforschung belegt. Sie kommen dadurch sowohl zu lebensnahen Deutungen für Häuser- und Planetentransite, als auch zu Interpretationen seiner Planetenverbindungen und Häuserstellung im Horoskop. Mit Ephemeriden für die Jahre 1900 - 2020.